사랑에 상처받은 이들에게 전하는
단순하지만 명확한 해답

이제 그 해답이
사랑이라면,

나는
이 세상 모든 것들을
사랑하겠네

이혁백 기획

김현진, 이은미, 김명주, 박하영, 박상언
이은경, 최유진, 김영미, 조안이혜 지음

내가 그린 기린

이제 그 해답이 사랑이라면,
나는 이 세상 모든 것을 사랑하겠네

초판 1쇄 인쇄 | 2019년 06월 27일
초판 1쇄 발행 | 2019년 07월 03일

발행인 | 이혁백
지은이 | 김현진 · 이은미 · 김명주 · 박하영 · 박상언 · 이은경 · 최유진 · 김영미 · 조안이혜

만든 사람들
책임 편집 김경섭 | **감수** 나은비 · 홍민진 | **마케팅** 박현정 · 최윤호 · 박찬웅 | **홍보** 백광석
디자인 박정호 | **인쇄 및 제본** 예림 인쇄

펴낸 곳
출판사 내가 그린 기린 | **출판등록** 2017년 10월 31일(제 000312호)
주소 서울시 강남구 논현동 9-18 4F, 5F | **전화** 02-518-7191 | **팩스** 02-6008-7197
이메일 240people@naver.com | **홈페이지** www.shareyourstory.co.kr

값 15,800원 | **ISBN** 979-11-90067-01-0

이 도서의 국립중앙도서관 출판예정도서목록(CIP)은 서지정보유통지원시스템 홈페이지(http://
www.seoji.nl.go.kr)와 국가자료공동목록시스템(http://www.nl.go.kr/kolisnet)에서 이용하실 수
있습니다.(CIP제어번호: CIP2019022043)

김현진
"겉으로 보기에는 아무리 무덤덤해 보이는 사람일지라도
'그' 역시 무수한 상처들을 받으며 살아가는 사람이다."

이은미
"나약하고 어리석어 슬픔으로 가득 찬 나를 마주하는 일은
큰 용기가 필요했다. 하지만 나는 용기를 선택했다."

김명주
"나를 사랑하는 법은 그리 멀리 있지 않다.
나에 대한 사랑은 나를 더 잘 아는 것에서 시작된다."

박하영
"지금 누군가에게 상처를 많이 받아 힘들어하고 있다면,
최대한 많이 슬퍼하고 최대한 많이 자신을 위로하라."

박상언
"진짜 사랑은 시간이 지나야 참모습이 드러난다.
그리고 그 사랑을 키우는 비법은 짭조름한 눈물과 땀에 있다."

이은경
"이젠, 나를 앞으로 가지 못하게 만드는 모든 것들을
과감하게 버리기로 했다."

최유진
"선택권이 없을 때도 있고, 잘못된 선택을 할 때도 있다.
하지만 진정한 용서는 나만이 선택할 수 있다."

김영미
"여자는 문득 거울 속 자신을 보았다. 눈가엔 주름이 늘고
머리는 희어졌지만, 행복하게 웃고 있었다. 그 어느 때 보다 아름다웠다."

조안이혜
"네가 나고, 내가 너이다. 우린 서로 다른 사람이 아니고,
우리의 행복을 위해 협력해야 할 서로의 거울들이다."

____ 당신에게 보내는
러브레터

이제 그 해답이 사랑이라면
나는 이 세상 모든 것들을 사랑하겠네

나의
사상이
일상의 언어로
다시
태어나다

김현진

작가

김현진

저자 김현진은 1992년 서울에서 태어났다. 정도의 차이만 있을 뿐 13년 가까이 우울증과 불안장애를 앓았다. 어렸을 적부터 그림 그리고 책 읽는 것을 좋아했으며 가장 좋아하는 시간은 홀로 조용히 사색할 때이다. 삶을 어떻게 살 것인지에 대한 고민을 반복하다 왜 사는지에 대한 의문까지 생기게 된 그녀는 자신의 고민을 공유하기로 결심하고 글을 쓰기 시작했다.

현재 20-30대들의 우울증이나 미래에 대한 불안은 점차 심각해지고 있지만 여전히 사회적 분위기는 크게 개선되고 있지 않다. 흔히 우울증을 뜻하는 블랙독(Black Dog)을 마주하는 방법은 제각기 다르고, 그녀의 방식 또한 수많은 선택지 중 하나일 뿐이라고 말하지만, 결국 이를 치유하기 위해서는 사람들이 더 드러내고 공감해야 한다고 말한다.

크고 작은 상처들을 받으면서 무너지는 무수한 사람들이 있다. 그녀는 이들에게 '나 또한 그런 경험이 있으니 우리 같이 일어설 수 있는 방법을 생각해 보자'며 손을 건네고 있다. 그녀 자신이 책에 위로를 받은 만큼 자신의 글로 사람들이 크게 공감하고 위로받기를 바란다.

'왜 사는 가'에 대한
물음에 대한 보편적인 답

한 번도 상처 받지 않은 사람은 세상에 없다. 아무리 무덤 덤해 보이는 사람일지라도 '그' 역시 무수한 상처를 받으며 살아온 사람이다. 그 상처는 특히 사랑에서 올 때 가장 아프다. 사랑하는 연인, 사랑하는 친구 그리고 사랑하는 부모님에게 받은 상처들 중에 가슴에 콕 박혀 빠지지도 녹아 없어지지도 않는 것들에 대해 우리는 어떤 태도를 취해야 할까? 그저 가슴속 깊이 묻어 둘 수도 있고, 힘들지만 상처를 드러내서 마주하는 방법도 있다. 상처를 대하는 태도는 이렇듯 각양각색이다.

그런데 상처는 사람에게서만 받는 것일까? 나는 '사람'보다 '결과'에 많은 상처를 받았다. 어떤 사람이 내뱉은 말이나 나에 대한 태도로 인해 다툼이 일어나는 경우에는 관계된 그 사람을 완전히 안 볼 수도 있고 혹은 그와 잠시 거리를 둘 수도 있다. 그런데 결과는 다르다. 눈앞에 떡하니 보여 주고 피할 수도 없게 만든다. '이게 네가 만든 결과물이다', '너는 이정도의 사람이다'라며 선고를 내려 버린다.

내가 얼마나 노력했는지, 얼마간의 시간이 더 필요한지에 대한 얘기는 없다. 오로지 '결과'만 있는 것이다. 어렸을 때는 성적으로, 조금 더 자라고는 대학으로, 마침내 세상에 툭 던져졌을 때는 취업으로 평가받는다. 물론 그 기간 동안 무수한 노력과 행동, 그에 따른 결과들이 수없이 많을 것이다. 그러한 결과로 좌절에 좌절을 거듭하다 보면 도전하는 것조차 무서워질 때가 온다. 사랑에 상처 받은 사람이 다시 연애를 하기 무서워하듯이 결과에 상처 받은 사람도 마찬가지란 소리다.

그 무서움이 나에게는 우울증이란 단어로 바뀌어 다가왔다. 나는 한없이 무기력해졌고 더는 살 필요가 없다고 생각했다. 죽을 용기로 사는 게 아니라 열심히 살아 보려고 했는데 그게 안 되니 죽을 용기가 생겨난 것이다. 나에게 더 이상 미래는 없을 것 같았고 내 자신이 한없이 한심스러웠다. 조용히 우느냐 엉엉대며 우느냐의 차이는 있었지만 매일을 그렇게 울었던 것 같다. 나는 이제 내 자신의 한계를 너무나 잘 파악하고 있었다.

무언가 더 해 봤자 실패라는 결과만 돌아올 텐데. 이젠 뭘 하고 싶은지도 알 수가 없는데 그렇다고 현실에 안주하기는 싫다고 징징대고 있으니…. 누군가가 손가락질하며 욕해도 할 말 없는 행동들을 계속 반복했다. 그런데 이런 행동들도 우울 증이 점차 심해지고 나서는 눈 녹듯 사라졌다. 무언가 하겠다는 의지가 없어졌고, 하루하루 출근하는 게 지옥이었다. 퇴근하고 억지로라도 해 왔던 집안일조차 감당하기 힘들어졌다.

'그만 살아야겠다'

질문은 '뭘 해야 하는가'에서 '왜 사는가'로 옮아서 나를 괴롭혔다. 살아야 하는 한 가지 이유라도 있어야 하는데 그걸 내가 제시할 수 없으니 그만 살아야겠다는 생각만 머릿속에 가득했다. 살은 7kg 가까이 빠졌고 머리카락도 우수수 빠지기 시작했다. 지금에서야 우울증이 어떤 이유에서 발병된 건지 이렇게 유추할 수 있지만, 그 당시에는 끝을 모르는 이유 없는 괴롭힘이었다. 모든 것이 불편했고 힘겨웠다. 괴로운 나날들이 한참 지난 후에야 나는 병원에 방문할 계획을 세웠다. 정신과에서 신경과로 신경과에서 다시 정신과로 나에게 맞는 곳을 찾으려고 이리저리 옮겨 다녔다. 그러다 지금 정착한 곳이 심리 상담실이다.

일주일에 한 번 뿐이지만 나에게는 많은 도움이 되고 있는 곳이다. 상처 받아 낙담한 사람들, 낙담을 넘어 우울까지 번지는 사람들은 사고 회로가 정상적이지 않은 경우가 많다고 한다. 내가 하는 모든 행동과 말은 자기혐오의 초석이 되고 우울한 기운을 가진 것들을 끌어당겼다.

첫 번째로 나는 밝은 곳을 싫어했다. 나는 퇴근하고 집에 오면 절대 불을 켜지 않았다. 노란색 스탠드 조명의 차분한 분위기가 아니면 마음을 진정시킬 수가 없었다. 회사에서 이유 없이 가슴이 터질 것 같은 심장 박동을 종종 느꼈기 때문이다.

두 번째로 식사가 귀찮아졌다. 살기 위해 먹을 필요가 없으니 그냥 건너뛰었다. 그러다 보면 나도 사람인지라 자기 전에 배가 고파져서 음식을 찾게 되는데 그 식사가 줄곧 폭식으로 이어졌다. 마지막으로 자기 전의 음식 섭취는 불면증을 유발한다. 몸의 기관들이 음식물을 소화하는 동안 잠이 달아나는 것이다. 이 생활 패턴이 반복되면서 삶의 의지는 나에게서 점차 멀어졌다.

'다시 시작한다'

그 당시 목을 맸던 게 책이다. 무언가를 계속 읽지 않으면 사는 것 같지 않았다. 우울증 증상이 점점 심해지면서 읽는 것조차 힘들어질 때가 왔지만 그럼에도 계속 책을 샀다. 부모는 '자식이 이렇게 했으면 좋겠다'라는 것보다 '이렇게 하지 않았으면 좋겠다'라는 것들을 더 많이 생각하는 사람들이다. 우리 어머니도 예외는 아니었다. "네가 책을 보니까 더 우울해지는 것 같아. 안 봤으면 좋겠어."라며 탐탁지 않은 눈길을 보냈다. 딸이 읽는 책이 우울한 감성이 가득한 소설이나 에세이뿐이었으니 어머니 말씀도 이해는 간다. 하지만 소설 속 등장인물의 아픔은 위로가 되고 나와 같은 경험을 한 이들이 쓴 글은 공감이 되었다.

이런 방법은 굉장히 힘들고, 건강하지 않은 방법이라고 생각한다. 그들의 슬픔에 상처를 위로받을 수는 있겠지만 결국 더 우울해지는 것은 사실이니까. 하지만 이렇게 자신의 우울을 더 깊이 들여다보는 방식이 꼭 나쁜 것만은 아니다.

『호밀밭의 파수꾼』에서 주인공 홀든 콜필드는 이렇게 얘기했다.

"사람들은 대부분 재미없는 이야기를 해 보고 나서야,

가장 재미있는 게 무엇인지를 알게 된다는 거죠."

　내가 우울의 끝에 닿았기에 비로소 '다시 시작한다.'라는 것에 대해 얘기할 수 있게 된 것처럼 말이다. 우선 나는 한 가지만 생각하는 버릇을 들이기로 했다. 성적표로, 합격 이메일로, 그리고 점수로 확인받을 수 없는 사람들은 나와 같이 기준의 허들을 낮춰 보자. 넘을 수 있는 것들이 한 개가 되고 두 개, 세 개가 되면 결과의 흉터는 자신감이라는 연고로 조금은 흐릿해질 것이다.

나이를 먹어간다는 것이
문득 느껴질 때

　　슈퍼히어로가 인기 있는 이유는 현실에서의 우리가 질 일
이 많아서이지 않을까. 주인공이 아무리 역경과 고난의 시기
를 보내고 있다고 해도 우리는 별로 걱정하지 않는다. 결국 끝
에서 그들이 이길 것임을 알기 때문이다. 이건 말 그대로 '영
화'다. 그들은 최저임금으로 아르바이트생을 쓰기 힘든 자영업
자나 취업할 곳이 없는 취업 준비생이 아니란 소리다. 물론 그
곳은 미세먼지도 없겠지.

　　소설가 무라카미 하루키가 한 말 중에 이런 말이 있다.
"사람은 이길 때도 있고, 질 때도 있다. 하지만 그 깊이를 이해
하고 있으면, 설사 진다고 하더라도 상처 받지 않는다." 이 말
을 좀 더 빨리 봤다면 좋았을 텐데 아쉽게도 그러질 못했다.
나는 늘 지기 바빴던 사람이었으니까. 이기지 못하는 건 상처

를 준다. 상처는 자기 연민을 생성하게 하는 가장 좋은 원인이
다. 자기연민, 자기 자신을 불쌍하게 여기는 마음. 나는 이 극
심한 자기 연민에 빠져 한동안 어둠 속을 허우적거렸다.

말로는 '나보다 힘든 사람 많지, 나보다 어려운 사람 많지'
라고 떠들어대도 속으로는 내가 가장 불쌍하다고 생각했다.
그 말을 증명하기 위해 나는 나를 더 불쌍하게, 상처 받기 쉽
게 만들기 시작했다. 불을 켜지 않았고 잠을 자지 않았다. 먹
지 않았으며 웃지도 않았다. 이런 생활이 반년 넘게 이어지면
이런 생각이 든다. 내가 불쌍해서 이렇게 된 것인지 불쌍하다
는 걸 증명하기 위해 이렇게 된 건지 알 수 없게 됐다고.

'자존감'이 뭐길래

『에티카』에서 스피노자는 이렇게 말했다.

"소심함은 우리들이 두려워하는 큰 악을 더 작은 악으
로 피하려는 욕망이다."

상처를 받게 되면 우리는 소심해진다. 나이를 먹어 간다는
건 다양한 사람에게 다양한 방식으로 상처 받는 일이 많아진
다는 뜻이기도 하다. 그래서 우리는 상처를 피할 방법을 찾는
다. 변화를 싫어하며 도전을 피한다. 악습임을 알면서도 행하

는 이유는 이것이 '작은 악'임을 알기 때문이다. 한정된 인간관계를 벗어나고 싶으면서도 새로운 인간관계를 맺기 위해 모임에 나가는 것은 싫다. 사랑을 하고 싶어도 또 사랑에 상처받을까 봐 아직은 때가 아니라며 들어온 소개팅을 거절하는 경우도 있다. 1년 전에 내가 그러했다. 소개팅이 들어와도 받지 않았으며 새로운 인간관계를 맺으려고 모임에 들어가 봤자 하루만 나가고 안 나가기 일쑤였다.

"절망에 빠진 사람은 누가 뭐라 해도 사과가 먹고 싶다며 막무가내로 고집 피우는 아이와 같다. 자신의 입에 들어오는 건 무슨 일이 있어도 사과가 아니면 안 된다고 떼쓰는 어린애처럼, 절망에 빠진 사람은 자신의 판단이 전적으로 옳다고 믿어 의심치 않는다. 그 자신이 느끼는 절망은 한 치의 오차 없이 정당한 것이라 고집스럽게 믿는다. 그렇게 절망은 바위보다도 단단히 고정되고, 시간마저도 얼어붙는다. 따라서 그 절망을 극복하겠다고 새로운 생각을 할 여유도 없다. 그 막다른 길의 천장을 뚫고 좁은 절망의 세계에서 뛰쳐나갈 생각을 못한다"라고 얘기한 20세기 철학자 비트겐슈타인의 말처럼 자신의 절망이 옳다고 믿어 버린다면 우리는 '그냥 하는 것'을 절대 그냥 할 수 없게 될 것이다. 쉽게 말해 먹고 자는 일조차 그냥 할 수 없다는 말이다. 하루 종일 누워 있으면서 '내가 뭐

하고 있지?'라는 생각이 들고, 씻지 않은 몰골을 거울에 비춰 볼 때면 내가 나지만 참 싫다는 생각도 들었다. 그럼에도 '밖에 나가서 고생하는 것보단 낫지, 이 기분으로는 누굴 만나도 그다지 즐겁지 않을 거야'라며 스스로를 대변했다.

나의 절망이 옳다고 믿었기 때문에 한 발짝 앞으로 나서는 것이 오히려 더 실패처럼 여겨졌다. 지금 글을 쓰고 있는 이 순간조차도 내가 이렇게 말해도 되는 걸까. 나의 부정적인 기운이 읽는 독자에게 악영향을 끼치는 것은 아닐까 하는 생각을 어쩔 수 없이 하게 된다. 이런 생각들은 우리가 흔히 말하는 '자존감이 낮다'라는 문장으로 표현될 수 있다.

이야기의 본질이 '나를 더 사랑하자'에 있다 보니 자존감 얘기를 하지 않을 수 없다. 사실, 정말 지겹기도 하다. 자존감이 도대체 뭐기에 그렇게 많은 책과 TV 프로그램에서 자존감을 높여야 한다고 얘기하는 걸까?

편안한 우울에서 벗어나세요

원룸을 정리하고 본가로 돌아오고 나서 온종일 집에 있다 보니 전업주부인 엄마와 많은 시간을 보내게 되었다. 이제는 왜 그런지 알지만 한때는 전혀 이해 가지 않았던 엄마의 행동 하나가 있는데, 바로 나가지 않으면서 씻고 화장하는 것이다.

보통 씻는 거야 그렇다 치지만 집에 있는데 화장까지 하는 엄마가 도통 이해되지 않았다. '귀찮게 왜 하는 거야? 어차피 밤에 지울 거잖아'라고 물어보면 엄마는 늘 '그냥 하는 거야'라고만 대답하셨다.

어디서 본 말이었는지 모르겠지만 그 시기, 일기장에 이렇게 적었다. '우울은 가장 안정된 감정이어서 나는 여기서 나오고 싶지 않다.' 그 시기에 나는 생기가 없었고, 그 어느 때보다 고요했으며, 안정되었다. 그래서 나는 이 감정을, 이 상황을 벗어나고 싶으면서도 벗어나고 싶지 않았다. 이렇듯 내가 나를 안타까워하면 거기에서 벗어나기 힘들다. 적어도 거울을 봤을 때, 내가 봐도 참 싫다고 느끼지 않을 정도의 모습은 필요하다. 엄마가 '그냥' 화장을 했던 것처럼.

슈퍼히어로처럼 세상을 구한다든가 하는 허무맹랑한 일은 절대 일어나지 않지만, 악(惡)은 없고 암(癌)은 있는 이 세상에서 틈틈이, 그리고 열심히 싸우는 모든 사람을 나는 존경하고 응원한다. 그러니 최대한 이기자. 상처가 되는 실패를 아무리 반복해도 내일은 이길 수 있을지도 모르니까.

나는 불안과 함께
살아간다

　불안은 좌절을, 좌절은 자기혐오를 가져온다. 그렇다면 왜 우리는 불안한 것일까? 나의 불안은 보통 불면증으로 나타난다. 한숨도 못 자고 날이 밝아 오는 걸 느낄 때, 나는 너무 무서웠다. 그리고 조급했다. 보고 싶지 않았는데 보게 된 아침 해는 두려움과 허망함, 피곤함과 무기력함을 느끼게 했다. 암막 커튼을 치고 이불을 머리끝까지 덮고 다른 사람들의 시작점에서 나는 눈을 감았다. 나날이 거짓에 거짓을 더하는 느낌이었다. 진심이라고 생각한 것들이 조금의 거짓으로 덮이면, 그것은 곧 또 다른 진심으로 둔갑해서 나에게 혼란을 준다. 이 혼란의 과정을 겪다 보면 결국 나라는 존재는 어디에도 없다고 생각하게 된다. 존재에 대한 확증이 없다면 불안해지는 것은 당연하다.

스위스의 정신과 의사, 카를 구스타프 융은 "자아가 성장하도록 하는 것은 충돌이다"라고 말했다. 여기서 충돌은 갈등, 곤경, 고뇌, 슬픔, 고통 등을 의미하는데 자아가 발달하기 위해서는 꼭 필요한 것들이라고 한다. 불안이라는 단어는 보통 부정적인 의미로 쓰이는 경우가 많다. 하지만 철학적인 면에서 볼 때 이 단어는 '인간 존재의 밑바닥에 깃들인 허무에서 오는 위기적 의식'이라고 표현되기도 한다. 그리고 이 의식에 직면해서 인간은 '본래의 자기 자신, 즉 실존(實存)으로 도약'한다.

반복되는 일상에서 오는 허무함은 인생의 위기의식을 가지고 온다. 나의 이전 사고방식을 얘기하자면, 계속 똑같은 상황이 반복되면서 이렇게 살아도 되는 걸까 하는 위기의식이 찾아왔고 무언가 해야겠다는 생각은 들었지만 그걸 이어나갈 체력이나 의지가 없었다. 오늘과 똑같을 내일이 전혀 기다려지지 않았다. 이대로 사느니 차라리 일찍 죽는 게 낫겠다는 생각만 들었다. 이럴 때 타인과의 비교는 나태함에 충분한 사유를 제공해 준다. '다들 이렇게 산다'라고 얘기하면서. 이런 사고를 계속 반복하다 보면 형체 없는 불안이 내 속에 자리 잡게 된다.

하지만 이것들이 진정한 나 자신으로 '도약' 하기 위해 꼭 필요한 과정이라고 한다면 우리의 이러한 불안과 고민은 자아 성장의 발판이라는 긍정적인 의미로 변할 수도 있다. 실제로 나의 불면증은 이런 사고의 전환으로 많이 나아졌다. 사고의 전환은 삶의 방식을 바꾸는 데 도움이 된다. 이와 관련해 니체의 다음과 같이 말했다.

"그대가 아무것도 성취하지 못했을지라도 자신을 존경하라. 거기에 상황을 바꿀 힘이 있으니. 또한 자신을 함부로 비하하지 말라. 삶의 방식을 바꾸면 그대도 지금의 상황을 바꾸고 꿈을 이룰 수 있을 테니. 그렇기 때문에 멋진 인생을 만드는 첫걸음은 바로 자신을 존경하는 것이다."

무분별한 자기혐오를 멈춰주세요

앞서 나는 불안과 좌절이 자기혐오를 가져온다고 말했다. 물론 이것이 일반적이지는 않다. 불안의 단계에서 바로 발돋움해서 한 발 전진하는 사람도 있고 좌절했다가도 오뚝이처럼 다시 일어나는 사람도 분명 존재한다. 나는 이런 사람들에 속하지 않기 때문에 이에 대해서는 할 수 있는 말이 없다. 내가 할 수 있는 말은 무너지고 또 무너져 결국에는 자기 자신조차 사랑할 수 없는 사람들이 분명 존재하고 나 역시 그랬다는 것이다. 이제 나는 누군가에게 얘기할 수 있다. 사고의 전환으로 충분히 살 수 있고, 나아갈 수 있다고. 아니, 적어도 자기혐오만은 그만둘 수 있을 거라고. 이러한 불안, 고뇌, 좌절 등이 실은 나 자신을 사랑하기 때문이라는 사실도 알게 된다면 더 좋을 것이다. 나를 사랑하기 때문에 나에 대한 기대치를 높이고 상처로부터 보호하기 위해 자신을 비하하는 것임을 안다면 우리는 다른 방식으로의 자기 사랑을 생각해 볼수 있을 것이다.

불안과 권태 속에 기회가 숨어있습니다

〈또 오해영〉이라는 드라마에서 주인공 오해영이 동명이인인 오해영에 대한 열등감을 내비치며 한 대사가 있다.

"난 내가, 여기서 조금만 더 괜찮아지길 바랐던 거지 걔가 되길 원한 건 아니었어요. 나는 내가 여전히 애틋하고, 잘되길 바라요. 여전히……."

내가 사랑하는 '나'이기 때문에 우리는 스스로를 궁지에 몰아넣기도, 쉽게 쓴소리를 하기도 한다. 그러나 우리가 알고 있어야 하는 사실은 진정 사랑하는 사람에게는 이런 말을 할 필요가 없다는 것이다. 스스로를 믿는다는 게 얼마나 힘든 일인지는 누구보다 내가 잘 알고 있다. 그럼에도 믿고 사랑해야 하는 이유는 의심은 믿음으로만 억누를 수 있고 이 과정이 지나야 더 많은 것을 할 수 있기 때문이다. 결국 다른 누가 되고 싶었던 것이 아닌 자기 자신을 더 사랑하고 싶었던 그녀처럼 말이다.

과정이 있기 때문에 결과가 있다. 이 점을 반드시 의식적으로 알고 있어야 한다. 불안과 권태 속에 있을 때야말로 자신이 무엇을 원하고 있는지 면밀히 살펴볼 기회다. 자신의 내면에서 무슨 말을 하는지 귀 기울여야 한다. 지금 내가 무엇에 권태로운지, 무엇 때문에 불안한지 그냥 흘려 넘긴다면 같은 상황이 반복되었을 때 지금과 같이 헤맬 가능성이 크다. 지금 상황의 위기를 어떻게 헤쳐나갈지 정확하게 짚고 넘어가야 다른 상황의 같은 위기를 지금보다 덜 힘들여 극복할 수 있다.

'현재'에 불안을 느끼고 고뇌하고 힘들어하기 때문에 사람은 산다는 것에 대해 한층 더 깊게 생각해 볼 수 있다. 내면의 고민으로부터 오는 질문들의 해답이 나를 존중하고 사랑하기 위한 것임을 안다면 우리는 이 모든 것들을 조금 더 담담하게 받아들일 수 있을지도 모른다.

완전한 것은 없다

　나를 사랑하기 전에 가장 먼저 해야 할 일은 나를 아는 것이다. 그럼 어떻게 하면 나를 알 수 있을까. 많은 사람이 이야기하듯 내가 좋아하는 것과 싫어하는 것을 알면 되는 걸까. 나도 과거에 나를 알기 위해 참 많은 것을 시도했었다. 마인드맵을 만들어 좋아하는 것과 싫어하는 것을 구분하기도 했고, 나의 장점과 단점을 쭉 적어 보기도 했다.

　하지만 그것들이 '나는 누구인가'라는 질문에 답이 되진 않았다. 가장 중요한 것은 내가 나를 받아들일 수 있느냐의 문제다. 만약 당신이 속이 좁은 사람이라면, 당신이 화를 잘 내는 사람이라면, 당신이 자기밖에 모르고 타인을 배려할 줄 모르는 사람이라면, 그게 진짜 당신이라면 당신은 받아들일 수 있겠는가.

나는 그게 잘되지 않아 힘들었다. 내가 모래사장의 작디작은 모래알과 같은 존재라는 걸 알고 있으면서도 그걸 인정하기가 어려웠다. '그래도 괜찮았다'라고 생각하는 과거를 갖고 있지 못해서 과거를 후회하지 않는다는 말의 갑옷을 입고 나 스스로 방어했다.

내가 대단한 사람이 아니더라도 내가 지금 아무것도 가지지 못한 자라도 나를 인정하고 좋아할 수 있을까? 쉽지 않을 것이다.

형편없는 나를 알고, 인정하고 나서 스스로 인정할 만한 사람이 되기 위해 노력하자. 그 목표가 삶의 원동력이 돼야 한다. 타인의 기준에 휘둘리고 싶지 않다면 이 기준을 놓치지 말아야 한다.

오늘 하루, 해야 할 일을 내일로 미루었다면, 방구석에서 뒹굴거리기만 했다면 나 스스로 한심스럽게 생각할 수밖에 없다. 이 세상에서 자아 성찰이라는 게 쓸데없다고 생각할 수도 있겠지만, 나 스스로 세운 기준이나 중심을 놓치고 반복되는 세상의 쳇바퀴에 맞춰 돌아가는 것만큼 멍청한 것도 없다.

유럽인들이 가장 만나고 싶어 하는 심리 상담가이자 작가인 일자 샌드는 자신의 저서 『컴 클로저』에서 다음과 같이 얘기했다.

"우리는 살면서 원하는 직업을 갖지 못할 수도 있고, 사랑하는 사람을 원치 않게 떠나보낼 수도 있다. 친구와 크게 다툴 수도 있고, 부모님과 싸우고 관계가 소원해질 수도 있다. 그런 모든 순간마다 자신을 탓하며 스스로를 부정하는 것은 도움이 되지 않는다. 삶에서 정말 의미 있는 대부분의 것에 대하여 내게 아무 권한이 없음을 받아들이려는 노력도 필요하다. 즉, 나 자신이 되기를 택한다는 것은 내가 무언가를 통제할 수 있다는 욕망을 내려놓고, 삶의 흐름에 따라 몸을 맡긴다는 뜻이다."

흐름에 몸을 맡기세요

앞서 내가 말한 결과에 대해 상처를 받은 사람들이 꼭 기억해야 할 말이다. 우리는 자신이 만들어 놓은 높은 이상적 기준에 맞추기 위해 모든 것을 통제하려는 경향이 있다. 모든 자기 계발서가 자신을 통제할 수 있을 것처럼 써 놓았기 때문에 우리는 자기 계발서를 욕하면서도 자극과 동기부여를 받는다. 하지만 사실 우리가 통제할 수 있는 것은 아무것도 없다. 오늘 잘되더라도 내일은 잘 안 되는 것이 삶이기 때문이다.

그런데도 사람들은 통제되지 않는 것에 대해 공포심을 느낀다. 즉, 자신을 통제하지 못하는 것에 대한 공포감이 그만큼 심하다는 것이다. 트라우마가 이런 의미라고 한다. 과거 경험했던 위기, 공포와 비슷한 일이 발생했을 때 당시의 감정을 다시 느끼면서 심리적 불안을 겪는 증상이라는 것이다. 자신을 통제하는 데 실패한 경험도 트라우마가 될 수 있다고 생각한다.

심리 상담가들은 트라우마를 '치료한다'라는 표현은 꺼린다고 한다. 이는 '치료'라는 단어가 가 내포한 뜻이 '병이나 상처 따위를 잘 다스려 낫게 함'이기 때문이다. 그들의 주된 일은 병을 '낫게' 하는 것이 아니라 자신을 '받아들이게' 하는 것이다.

우울증과 공황장애의 이면을 보면 그들은 포기했기 때문에 이 병을 얻은 것이 아니다. 오히려 포기하려 하지 않았기 때문에 그로 인한 좌절감으로 병을 얻게 되는 경우가 많다. 그러니 나를 받아들이는 연습이 필요하다. 완벽이 없음을 인정하고 자신의 양면성을 있는 그대로 받아들이고 삶의 흐름에 몸을 맡겨라.

힐링이나 위로의 의미로 받아들이라는 것이 아니다. 성냥개비로 탑을 쌓을 때 우리는 네 개의 성냥개비를 교차시켜 탑을 쌓을 수 있는 기반을 만든다. 만약 네 개가 아닌 두 개로 탑을 쌓는다고 생각하면 탑은 얼마 안 가 무너지거나 아예 쌓지 못하게 된다. 거듭된 무너짐은 탑을 쌓으려는 의지조차 빼앗아간다. 그렇기 때문에 나를 받아들인다는 건 이 기반을 제대로 다진다는 뜻이다.

이제 시작입니다

내가 나를 제삼자의 눈으로 바라보면 어떻게 평가할까? 나는 나를 게으른 완벽주의자, 욕심쟁이, 끈기 부족으로 평가했었다. 그런데 이걸 반대로 생각하면 나는 완벽을 추구하고 싶은 높은 이상을 가진 사람이고, 관심사가 많아 새로운 것을 탐구하는 데 주저함이 없다는 뜻으로도 해석이 된다. 나의 장단점의 양면성을 이해한다는 건 이런 것이다. 좋고 나쁨을 배제하면 나라는 사람이 보인다. 나라는 사람이 보이면 이제 어떻게 행동해야 할지가 명확해지는 것이다.

다만, 이것이 좋은 사람으로 직결되는 것은 아니다. 『컴클로저』에서 일자샌드가 다음과 같이 말했듯이.

"우리는 누구나 '충분히 좋은' 사람이 되려고 평생 동안 애를 쓴다. …중략… 하지만, 이런 목표는 처음부터 실패가 예정된 프로젝트다. 누군가에게 변치 않는 확신을 줄 수 있을 정도로 좋은 사람이 되겠다는 생각은 환상에 불과하다. 이런 안전한 관계는 세상에 존재하지 않는다."

좋은 사람이기 전에 나를 있는 그대로 보고 받아들이는 것부터가 시작인 것이다. 사실 나도 완전함이 없다는 걸 받아들이기는 아직 힘이 든다. '조금만 더 노력하면, 아니 처음부터 다시 시작하면 지금보다 더 나아질 것 같아'라는 생각을 여전히 떨쳐 버릴 수가 없다. 노력하는 것이 나쁘다는 게 아니라, 처음부터 다시 시작하고 싶은 이 마음이 나를 피곤하게 만들고 나아가지 못하게 한다. 하지만, 처음부터 잘되는 것은 없으니 지금도, 앞으로도 나는 계속 노력해 보려고 한다.

이제 그 해답이 사랑이라면
나는 이 세상 모든 것들을 사랑하겠네

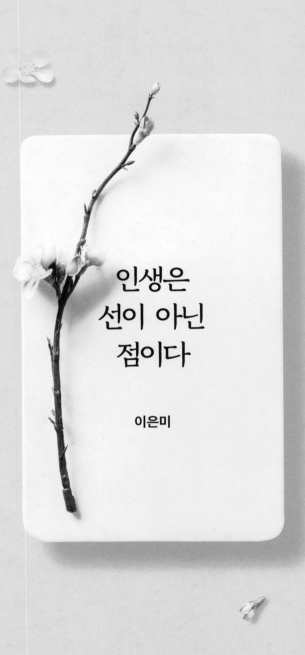

인생은
선이 아닌
점이다

이은미

작가
이은미

동기부여 작가, 대한민국 1호 '공감치유 전문가'다. 그녀는 학창시절을 통틀어, 100 여개에 달하는 상장을 거머쥐었다. 그 중에 절반 이상은 글쓰기로 받은 크고 작은 상들이다. 그런 그녀가 20년이라는 긴 세월을 돌고 돌아, 진심을 다한 공감으로 마음의 상처를 치유해주는 따뜻한 '사랑'이 되어 독자들을 만나고 있다.

10년이 넘게 공직생활을 했던 그녀는, 교육청 산하 2개 지역교육청에서 학교보건과 위생, 환경업무를 담당하였으며, 2개 지자체 보건소에서 금연사업, 민원실 업무 총괄 등 여러 다양한 직무를 경험했다. 동료직원들이 뽑은 이달의 친절 공무원상을 수차례 받았었고, 기관장상, 교육감상, 장관상을 수차례 받은 바 있다. 또한, 역점으로 추진한 사업이 중앙부처의 좋은 평가를 받아 몸담은 기관이 '우수기관'으로 선정되는데 크게 일조하기도 했다.

잘 나가던 그녀였지만, 갑작스레 찾아온 병마와 싸우며 큰 깨달음을 얻게 된다. 특히, 글쓰기를 통해 자신의 진짜 내면과 온전히 마주하게 된 후, 인생 전체를 다시 뒤돌아보게 된다. 그리하여 어린 시절의 못 다 이룬 꿈을, 더 늦기 전에 꼭 이루어 보겠다는 열정 하나로 '필생의 업'이라 말하는 작가의 길을 선택했다. 모두가 로망하는 '공무원'이라는 직업을 과감하게 내려놓고, 작가로서의 새 삶을 시작한 그녀는 "인생은 선택이다." "안정된 직장이 아닌, 가슴 뛰는 평생의 직업을 찾아서 거침없이 살라!"고 말한다. 마흔이 넘어 진정 하고 싶은 일을 하는 지금이 가장 행복하다는 그녀는, 자신 안에 있는 꿈을 선택하고, 실행하는 것이 진정한 자기 사랑이라 말하는 진정한 동기부여가다.

BLOG https://blog.naver.com/moonpound
INSTAGRAM @miriam-author
E-MAIL moonpound@naver.com

마흔, 내 몸을 사랑해야만 하는
명백한 이유

"식사 또 안 드셨네요? 그러다 큰일 납니다. 퇴원하고 싶으면, 잘 좀 챙겨 드세요!"

간호사의 말이 차갑게 날아와 꽂혔다. 40년 인생 중 여섯 번째 입원이었고, 2주 만에 몸무게가 6kg가량 빠졌다.

아카시아 향이 진동하던 초여름, 나는 우리 집 사랑방에서 태어났다. 때문에 정확한 몸무게를 알 수는 없었겠으나, 엄마 말에 의하면 우량아 선발 대회에 나가도 꿀리지 않을 장군감이었다 한다. 4kg은 족히 넘었을 것이다. 다음 해, 동생이 태어났다. 덕분에 나는 엄마 젖을 거의 먹지 못하고 젖배를 곯았다. 생존을 위한 원초적인 본능, 식탐은 그때부터 무섭게 발동했으리라.

나의 우량함은, 부모님의 '왕씨' 유전자 덕분이었다. 우량하다는 것은 축복이다. 오죽하면 우량아 선발 대회를 개최해서 타고난 육체미를 과시할 기회를 주겠는가. 실제로 나는 큰 힘을 들이지 않고도 운동회 달리기 시합에서 1등을 차지했다. 커서도 배구, 수영, 배드민턴 등 다양한 운동 종목에서 실력을 발휘했다. 그러나 나는 그 유전자의 축복을 마음껏 누리지 않았다.

　타고난 유전자에 식탐이 더해져, 폭풍 성장으로 이어졌다. 또래 아이들보다 20cm 이상 컸으니, 어딜 가나 주목을 받았다. 눈에 띄는 것은, 놀림감이 되기 십상이었다. '거인', '돼지', '어이~ 아가씨' 같은 별명들이, 내 이름을 대신해 불렸다. 무뚝뚝한 아빠마저도 '꽃 돼지', '백 돼지'라고 장난을 걸어 왔다. 아무리 뽀얗고 예쁘다고 해도 돼지는 돼지 아닌가!

　나는 점점 위축되어 갔다. 지금이야 한 귀로 흘려들을 수 있지만, 그땐 너무 어리고 미숙했다. 봉긋한 가슴을 감추기 위해 어깨를 움츠렸고, 체구를 작게 보이기 위해 등을 새우처럼 말았다. 하지만 소용없는 일이었다. 그것 말고도 내 몸에서 찾을 놀림거리는 많았으니까. 컴퍼스로 그린 것 같은 동그란 얼굴, 한라봉을 닮았다는 복스러운 코, 부처님상의 이중 턱…. '부잣집 맏며느릿감'이란 소리는 지겨울 정도로 들었다. 어른들은 엄마를 빼다 박아, 복스러운 것이 예쁘다고들 했지만, 정작 당사자인 나는 싫었다. 아빠를 닮아 호리호리한 세 명의 동생들이 부러워 미칠 지경이었다.

'갑자기'는 없다

중학생이 된 직후, 내 몸을 완전히 부정하게 된 결정적인 사건이 일어났다. 바로 이성에 눈을 뜬 것이었다. 사랑은 봄날 아지랑이처럼 나를 간지럽혔다. 그리고 상처를 남겼다.

갓 중학생이 된, 시골 소녀가 수돗가에서 양치질을 하고 있다. 그때 두 소년이 다가왔다.

"불독이 아직도 저 자식 좋아한대? 불독이 쓴 편지 너도 읽어 봤냐? 글짓기로 상을 제법 타더니, 아주 내용이…. (웃음) 삼류 로맨스는 저리 가라야. 아주 애절하다 못해 처절해."

중학생이 된 직후, 내 몸을 완전히 부정하게 된 결정적인 사건이 일어났다. 바로 이성에 눈을 뜬 것이었다. 사랑은 봄날 아지랑이처럼 나를 간지럽혔다. 그리고 상처를 남겼다.

대화 속의 '불독'은 나였고, '그 자식'은 첫사랑 그였다. 후

덕한 내 턱살을 보며, 저들은 하필 한 마리의 못생긴 개를 떠올렸단 말인가! 세상에 나쁜 개는 없다지만, 나는 그 후로 개를 유독 싫어하게 되었다.

내 생의 첫 다이어트는 그렇게 시작됐다. '최고의 성형은 다이어트'라는 말처럼, 살만 쪽 빼면 모든 문제가 해결되리라 믿었다. 그 당시 내 키는 170cm, 몸무게는 56kg 정도였다. 정상 범위에 있는 체질량지수(BMI=Body Mass Index)였지만, 이미 자존감을 잃은 뒤였다. 나는 세상이 정의하는 아름다움의 기준에 부합하고자, 내 몸과의 전쟁을 선포하고야 말았다.

미국의 위대한 자기 계발 전문가이자 심리학자인 웨인 다이어는, 그의 저서 『행복한 이기주의자』에서 다음과 같이 말했다.

"우리는 멋진 몸을 '갖고' 있는 것이 아니다. 내 몸이 바로 나다. 그러므로 자신의 몸을 싫어한다는 것은 자신을 인간으로서 받아들이지 않겠다는 말이나 매한가지다."

위대한 심리학자의 말을 비웃기라도 하듯, 몸과의 전쟁은 처절하고도 참혹했다. 며칠 동안 고구마만 먹다가, 줄넘기를 하는 도중에 쓰러지기도 했다. 그러다 허기를 참지 못하면 결국 또 음식을 쑤셔 넣었다. 앉은자리에서 피자 한 판을 먹어 치우는 것은 일도 아니었다. 그렇게 폭식증과 거식증이 번갈아 찾아왔다. 다른 사람의 몸에 이런 짓을 했다면 최소한 무기징역은 받았을 것이다. 승자는 없고 패자만 있는 내전은 끝날 기미가 보이지 않았다. 그 시작은 작은 먹물 한 방울이었으나, 물 전체를 검게 물들이기 충분했다.

서른을 넘기면서, 몸이 1차 경고를 보내왔다. 경고장의 내용은 화려했다. 수족냉증, 족저근막염, 염증 질환, 천식…. 특히 천식으로 잠 못 이루는 고통의 밤을 1년 넘게 보냈지만, 인간의 얄팍함이란…. 병이 호전되자 어느새 그마저도 별 게 아니라고 여겨졌다.

서른 후반, 드디어 몸의 대반격이 시작되었다. 디스크, 각종 염증 질환, 알레르기 질환, 이명, 장기 곳곳의 크고 작은 물혹들에 대한 소견들로 검진 결과지의 여백을 빼곡히 채웠다. 그리고 재검진에서 '위 점막 하 종양'이라는 판정을 받았다.

'울 거 없어. 언젠가 이런 날이 올 줄 알았잖아…. 그래, 이 정도면 오래 버틴 거야…. 아니지, 그래도 이건 너무하잖아! 도대체 내가 뭘 그렇게 잘못했는데…. 어째서 예쁘고

날씬한 것들만 인정받게 만들어 놓고 모든 책임은 나보고 지라는 거야!'

나는 신에게 따져 물었다. 종교가 없는 사람도 궁지에 몰리면 신을 찾게 마련이다.

이 일로 인해, 몸을 아끼고 사랑하는 건강한 여성으로 거듭났기를, 이 일이 인생을 다시 살게 되는 큰 계기가 되었기를 바랐다면 미안하다. 애석하게도 나의 집착은 다른 방향으로 흘렀다.

의사는 '위 점막 하 종양'이 우리가 흔히 아는 '암'은 아니니, 잘 관리하면 된다고 했다. 여전히 잘난 외모는 삶의 1순위였고, 쓸 만한 하드웨어가 필요했다. 이번에는 건강에 좋다는 것들을 찾기 시작했다. 마흔 무렵, 이 광기는 절정에 이르렀다. 국가에서도 인정하고 관리하는 '생애 전환기'인 '마흔'에 완전히 꽂힌 것이다.

밥상부터 바꿨다. 열 가지도 넘는 잡곡으로 밥을 지었다. 밀가루 음식은 안 먹는 것으로 정했다. 치킨을 포함한 튀긴 음식을 먹을 때면 튀김옷을 벗겨 내고 속살만 먹었다. 시작은 아주 그럴듯했다. TV 건강 프로에 나온, 이름도 생소한 식품들을 마구잡이로 사 재꼈다. 식탁 구석에 쌓인 건강 보조제가 약국 진열장을 방불케 했다. 그러나 어쩌다 외식을 하는 날에는 다시 정신 줄을 놓았다. 후각을 자극하는 고칼로리의 음식 앞에서 허리띠만 안 풀었지, 이성의 끈은 너무도 쉽게 풀어졌다. 운동은 시간이 없다는 핑계로 멀리하고, 음식과 영양제로만 모든 문제를 해결하려 했다.

그러다 '뻥' 하고 일이 터졌다. 야근을 한 달쯤 지속한 어느 겨울날, 나는 주저앉았다. 이러다 진짜로 죽겠구나 싶어서 다음 날 병원을 찾았고 입원을 했다. 오랜 불면증과 위경련, 활막염, 디스크, 이명, 천식 재발 등의 진단이 나왔다. 그렇게 입원 환자가 되었다. 모든 일이 귀찮아졌다. 치장을 하는 일조차 무의미해졌다. 화장을 안 하니 유분기가 없어 입술이 쩍쩍 갈라졌다. 제대로 환자의 형상을 갖추어 갔다. 세상이 싫었고, 그런 내가 싫었다. 삶의 의미를 더 이상 찾으려 들지 않았다. 나는 그렇게 몸과 함께 죽어 가고 있었다.

지금 모습 그대로, 내 몸을 사랑하게 된 순간

삶의 의미를 잃었다 해도, 삶은 지속된다. 퇴원 후, 샤워하고 나와 화장대 거울 앞에 섰을 때였다. 낯선 여자가 거울 안에서 산송장 같은 표정으로 나를 바라보고 있었다. 원하는 몸매를 얻었건만, 좀비 같은 얼굴을 한 저 여자는 대체 누구란 말인가…. 바로 '나'였다. 순간 눈물이 왈칵 쏟아졌다. 그동안 내 몸에 무슨 짓을…. 그제야 몸이 보냈던 숱한 경고의 메시지가 떠올랐다. 가만히 내 안의 소리에 귀를 기울였다. 들으려 하니, 들리기 시작했다. 살려 달라고 아우성을 치고 있었다. 그것은 흡사 울부짖음이었다.

『위대한 상인의 비밀』의 저자 오그 만디노는 다음과 같이 말했다.

"나는 자연의 가장 위대한 기적이다. 태곳적부터 나와 같은 마음, 가슴, 눈, 귀, 손, 머리카락, 입을 가진 사람은 그 누구도 존재하지 않았다. 나와 똑같이 걷고, 말하고, 움직이고, 생각하는 사람은 이전에도 없었으며, 지금도 없고, 이후에도 없을 것이다. 모든 인간이 나의 형제이지만, 나는 그들 모두와 다르다. 나는 독특한 창조물이다."

그날 이후, 나는 살기 위해 책을 읽고 글을 써 내려갔다. 그 과정을 통해 '내 안의 나'를 마주하게 되었다. '내 안의 나'는 어린 시절, 그 수돗가에 여전히 얼어붙어 있었다. 매일 그 아이에게 용서를 빌면서 함께 울었다. 그렇게 100여 일이 지났을 때, 나는 완전히 달라져 있었다. 100일은 과거의 어린 나를 다독이고, 새로운 나로 거듭나기 위한 최소한의 시간이었다.

그 변화는, 단순히 몸무게 회복 차원이 아니었다. 튀김옷을 벗기지 않고도 치킨 한 마리쯤은 먹어 치울 수 있다는 피상적 사실이 아니란 말이다. 인정 욕구에 목말랐던 지난날의 어리석은 나를 마주한 뒤, '몸과 마음은 하나이며 병은 마음에서 온다'라는 하나의 진리를 깨달았다.

마음의 상처를 드러낼 수 있게 되니, 몸은 저절로 건강해졌다. 음식에 대한 집착, 옷과 화장품에 대한 광기도 사라졌다. 맛있게 배불리 먹은 날에도 죄의식에 휩싸이지 않았다. 배부름을 직시하고 운동을 하거나 배를 문지르는 것으로도 충분히 만족스러웠다. 이제 다른 사람의 시선에 맞춰 춤추는 슬픈 피에로는 죽었다. 불독을 싫어할 이유도 더는 없다.

몸은 나의 영혼을 담는 소중한 그릇이다. 세상의 날 선 잣대와 열등의식이 낳은 자기 비하로 가득 찼던 초라한 육신에는, 삶에 대한 감사와 사랑이 꽉 들어찼다.

나는 요즘도, 발가벗은 채 거울 앞에 자주 선다. 마흔에 어울리는 잔주름과 볼록한 뱃살을 가진 여자가 웃고 있다. 그녀에게 언제까지나 이렇게 말해 주련다.

"그동안 나를 지켜 줘서 고마워⋯. 지금 모습 그대로, 너를 사랑해."

감정에 휘둘리는 사람,
감정을 선택하는 사람

"바람이 머물다 간 들판에
모락모락 피어나는 저녁연기
색동옷 갈아입은 가을 언덕에
붉게 물들어 타는 저녁놀"

이동진 작사, 최현규 작곡 '노을'이라는 동요의 마지막 소
절이다. 퇴근길, 라디오에서 흘러나온 동요의 노랫말이 너무
아름다워서 눈물이 흘렀다.

영국의 유명한 소설가 조지 엘리엇은 "음악으로도 누그러지
지 않는 감정은 극도의 공포나 슬픔 빼고는 없다"라고 말했다.
그러나 세상에는 음악으로도 누그러지지 않는, 아픈 감정들을

숨긴 채 살아가는 사람들이 넘쳐난다. 그들은 애써 말한다.

"나는 괜찮아. 문제없어! 두…두렵지 않아. 슬…슬프지도 않아…."

어렸을 때부터 나는 눈물이 많았다. 타고난 기질이 여리고 감정이 풍부한 탓이다.

"아이고, 걸핏하면 울고 그러니…. 울 일도 많다. 이 험한 세상 어떻게 살려고 그래! 그렇게 마음이 약해서 어디다 써. 나중에 커서 사람 구실이나 하겠니? 어디 가서 사기나 안 당하면 다행이지!"

사랑이 듬뿍 담긴 잔소리. 그 시작은 미비하나 끝은 창대한 법이다. 엄마의 걱정은 어느새 새끼를 쳐, 미래의 사기꾼을 향해 있었다.

"몰라…. 자꾸 눈물이 나는 걸 어떡해. 좋아서도 울고, 슬퍼서도 울고 그러는 거지 뭐. 그리고 내가 만날 울기만 하는 건 아니잖아. 아까 배꼽 빠지게 웃는 거, 못 봤어? 실컷 웃고 나서 허기지다고 옥수수 먹는 걸 봤으면서…. 엄마는 웃을 때는 별말 없더니, 우는 것 가지고만 뭐라고 해…"

말은 바로 하랬다. 나는 웃기도 참 잘하는 아이였다. 울다가 웃어서 어찌어찌 되었으면 벌써 '털북숭이'가 되었을 것이다.

"그렇게 잘 울면, 여린 티가 팍팍 나잖니…. 네가 아직 세상을 몰라서 그래. 하긴 촌에 사니, 뭘 알겠어. 그리고 웃는 것이야, 뭐라는 사람이 없잖니. 웃으면 복이 온다는 말이 괜히 있는 게 아니야…. 그러니까 울지 좀 말고, 꾹 참아 봐. 동생한테 맞고서 우는 주제에 말대답은…. 자랑이다!"

그랬다. 동생이랑 싸우면 우는 쪽은 항상 나였다. 그 싸움에서 늘 졌다는 말이기도 하다. 한 살 아래의 여동생(식탐의 근원, 젖배를 곯게 한 그 장본인)은 기질 자체가 나와는 달랐다. 눈물은 사치이자, 못난 것들의 전유물이라 믿는 강단 있는 아이였다. 그런 동생에게 나는 말로도, 힘으로도 이겨 본 적이 없었다. 그러니 왜 시작되었는지도 모를 그 싸움의 말미에, 나는 꼭 울음이 터졌다. 분해서 울었고 약이 올라서 울었다.

울음은 인간의 가장 원초적인 감정의 표현이다. 소망을 향한 애달픈 고백이고, 불안에 맞선 소심한 발악이다.

남아프리카 공화국 출신의 유명한 심리학자인 수잔 데이비드는 15살에 아버지를 잃었다. 그녀는 암에 걸린 젊은 아버지와의 이별 때문에 가족과 자신이 감정적으로 완전히 망가졌음에도 "괜찮아"라는 말로 슬픔을 감춘다. 그 결과 고통을 잊기 위해 음식에 집착하게 되었고 거식증까지 걸린다. 우울증도 피해 갈 수 없었다. 슬픔이 가진 무게를 온전히 받아들이는 것을 거부한 탓이었다. 긍정을 중시하는 문화 속에서 괜찮은 척 자신의 슬픔을 감춘 결과이기도 했다. 다행히 학교 선생님이 그런 그녀의 슬픔을 알아차렸다. 그는 '텅 빈 공책' 하나를 건네주고 그녀가 느끼고 있는 모든 감정을 솔직하게 적으라고 말했다. 아무도 읽지 않는다고 생각하면서 말이다. 이 계기로 그녀의 인생은 완전히 바뀌었다. 공책 하나로 인생의 과제까지 깨닫게 된 그녀는 '자신의 감정을 마주할 수 있는 용기'에 대해 다음과 같이 말한다.

"삶의 아름다움은 그 연약함에서 따로 떼어 낼 수 없다. 충분히 성장하기 전까지 우리는 어린 존재일 수밖에 없다. 깨닫지 못할 때까지 우리는 계속 매력적으로 보이는 길 위에서 헤맨다. 무슨 일이 있어도 긍정적이어야 한다는 생각, 화를 내지 않는 게 좋다는 생각, 이것은 일종의 독재다. 긍정의 독재!"

나를 숨기다, 나를 잃었습니다

보건직 공무원인 나는, 직업적으로 우울증에 관한 사례나 교육을 접할 기회가 꽤 많았다. 그래서 우리나라가 전 세계적으로 알아주는 우울증 공화국이라는 사실을 누구보다 잘 알고 있었다. 그러나 신종플루가 대유행할 때, 담당자인 내가 제일 먼저 바이러스를 받아들였듯이, 우울증 역시 또래보다 먼저 겪었다. 이 역시 감수성이 풍부한 탓일지도 모르겠다. 23살이란 어린 나이에 엄마가 되고 결혼하게 된 것이 그 주요한 원인 중 하나이겠지만, 그 중심에는 가면 놀이가 있었다.

어릴 적, 엄마의 걱정을 잔소리로 치부했지만, 다른 한편으로는 그 말이 진리라고 믿었다. "진정한 힘은 감정의 절제다", "웃는 자가 살아남는다"라는 긍정의 명언들이 세상에 넘쳐 났기 때문이다. 나이가 들면서 울지 않으려, 나약한 모습을 보이지 않으려 더욱 이를 악물었다. 내 안의 불안과 소요, 슬픔과 두려움을 들키면, 모두가 나를 얕잡아 볼 것만 같았다.

여리고 부정적인 감정을 꼭꼭 숨긴 채, 억지웃음을 지었다. 상대방이 무심코 던진 가시 돋친 말에 큰 상처를 입으면서도 괜찮은 척 웃었다. 처음엔 쉽지 않았지만 금세 익숙해졌다.

하지만, 나 자신까지 완벽하게 속이지는 못했다. 진실은 사라지지 않는 법이니까. 모든 사실을 알면서도 외면할 때마다 몸이 망가졌으리라. 과자 봉지를 산더미처럼 쌓아 놓고 TV를 보며 웃다가, 갑자기 눈물이 터질 때 알아차렸어야 했다. 그러나 내 안의 소란스러움에 일일이 대응하면, 나는 낙오자가 될 것만 같았다. 다시 입을 틀어막아야 했다. 눈물이 완전히 메말라 갔다. 드디어 나도 다른 사람들처럼 강인한 사람이 되는 것인가! **'생각이나 행동이 감정에 좌우되지 않는 침착하고 냉정한'** 여자가 되는 것인가!

'거짓 긍정'에는 비싼 수업료가 따랐다. 눈물이 마르자, 무기력이 들이닥쳤다. 게다가 점점 속 좁은 사람이 되어 갔다. 사람들의 작은 말실수에도 예민하게 반응했다. 그러나 티를 내선 안 되었다. 이러지도 저러지도 못하는 감정의 고립, 총체적 난국에 스스로 빠져 버렸다. 좁디좁은 마음 안에 엄청난 울분을 가두었으니, 그것들이 얽히고설키어 심장을 짓눌렀다. 가슴을 쳐야 겨우 숨이 쉬어졌다. 외면한 감정들은, 자신들을 모른 척한 대가로 우울증과 공황장애를 선물했다. 그리고 그 선물 값으로 내 감정을 마음대로 쥐고 흔들어 댔다. 그렇게 나는 세상에서 가장 불행한 여자가 되어 있었다.

감정은 애초에 내 것이 아니었습니다

영화 〈인사이드 아웃〉에는 우리의 뇌 속에서 살아가는 다섯 가지 감정, 기쁨이, 슬픔이, 버럭이, 까칠이, 소심이가 등장한다. 어느 날, '기쁨이'와 '슬픔이'가 사라지자, '라일리'라는 11세 소녀의 생활은 완전히 무너져 버린다. 일상의 작지만 소중했던 감정들도 사라진다. 다른 감정들을 통제하며 항상 밝고 행복한 모습만 보이려 했던 '기쁨이'는 '슬픔이'와의 여행을 통해서 크게 깨닫는다. 눈물이야말로 현재 감정을 마주하게 하고 다시 한번 나아가게 해 준다는 사실이었다. 영화는 '기쁨이'가 눈물을 흘리고, '슬픔이'는 활짝 웃게 되자, '라일리'의 감정이 균형을 되찾으며 끝을 맺는다.

앞에서 말했듯이, 나는 스스로 죽어 가고 있던 어느 날 '나'와 마주한다. 내 안에서 고통스럽게 울부짖는 또 다른 나를 만난 것이다. 나약하고 어리석어 슬픔으로 가득 찬 나를 마주하는 일은 큰 용기가 필요했다. 나는 도망치지 않았다. 두려움 속에서도 나아가는 것. 그것이 진정한 용기라는 것을 배웠기 때문이다. 그로 인해 나는 변할 수 있었고, 몸과 치렀던 오랜 전쟁도 끝낼 수 있었다. 아름다운 것을 보고 우는 일, 좋은 일에 기뻐하는 일, 재미있는 상황에 낄낄대는 일. 이제 이

것들은 더 이상 억지로 하는 고된 '일'이 아니다. 무섭고 두려울 때, 외로움이 몰려올 때, 문득 슬퍼질 때, 가만히 내 감정을 들여다볼 수 있게 되었다. 그러면 증폭된 감정이 이내 사라진다. 애초에 내 것이 아니었던 것처럼.

우리는 하루에도 수십 가지 감정에 휩싸인다. 그때, 감정이 하는 말을 외면해서는 안 된다. 내 안의 불안과 공포, 슬픔과 두려움, 때로는 환희와 기쁨에도 귀를 기울여야 한다. 무조건 벗어나려고 발버둥 치면, 그 감정은 더욱 증폭된다. 포용하기 힘든 감정이라도 그것을 직시하고, 그 감정이 생긴 이유를 알아내야만 한다. 그래야 다시 나아갈 회복의 기회를 얻을 수 있다. 냉정은 그럴 때 찾아온다. 감정을 온전히 마주하는 것이야말로, 감정의 노예가 되지 않는 유일한 방법이다.

자신의 감정을 선택하는 자만이, 삶의 진짜 주인이 될 수 있다.

나를 세상에 태어나게 한
부모님을 고소합니다

"나를 세상에 태어나게 한 부모님을 고소하고 싶어요…"

한 소년이 법정에 서 있다. 약 12세로 추정되는, 영화 〈가버나움〉의 주인공인 자인이다. 출생 기록이 남아 있지 않아, 정확한 나이조차 알지 못한다. 자인은 '본인을 태어나게 한 죄'로 자신의 부모를 고발한다. 이 납득하기 어려운 재판에 세간의 관심이 쏠린다. 소년은 법정에 서서 부모에게 보호받지 못하고 역경에 맞서며 살아남기 위해 투쟁한 자신의 12년 인생을 담담히 증언한다.

서른 중반의 한 여자가 있다. 초점 잃은 눈을 하고, 15층 아파트 베란다에서 무심히 아래를 내려다보고 있다.

'이대로 떨어지면…. 아플까? 아파도 잠깐이겠지…. 잠깐이면 이 고통도 끝나는 거야….'

"엄마! 엄마! 어디 있어? 나 배고픈데…. 딸기 먹고 싶어!"

오늘도 실패한 눈치다. 서둘러 딸기 꼭지를 떼고 씻는다. 제일 예쁜 접시에 담아, 여우같이 눈치 빠른 아들 앞에 내놓는다.

'이 핸들을 확 잡아 돌리면 끝나. 무섭긴 해도 이보다 확실한 방법은 없어….'

시도는 계속된다. 하지만 본래 겁이 많고 심약한 여자는, 퇴근길 고속도로에서 시속 150km로 질주하다가 발생한 끔찍한 사고 현장과 아들의 비통한 얼굴을 상상해 버린다. 역시 오늘도 실패다.

나에게 우울증이란 그런 것이었다. 아무도 모르게 혼자 앓는 것, 아이만 생각하면 죄의식에 눈물이 왈칵 쏟아지는 것, 이유를 알 수 없는 혼돈 속을 헤매는 일. 그러나 일상에서는 더없이 해맑은 가식, 조금만 자세히 들여다보면 보이는 슬픔,

누군가 알아주기를 바라는 간절한 마음. 그리고 살고 싶다는 소리 없는 절규.

어린 시절의 혼돈은 부모님에 대한 원망의 총화였다. 경제적 '부'와 '화목'에 대한 갈망이었고, 갖지 못한 것들에 대한 괴로움이었다. 죄 없는 아빠에게 '트라우마'라는 오명을 씌우고, 원망 거리는 전부 다 갖다 붙였다. 큰 덩치로 친구들에게 놀림 당했을 때, 나약한 마음을 들키기 싫어 일부러 허세를 부렸을 때, 아토피 때문에 밤새 몸을 긁어 내복이 피범벅이 됐을 때, 담을 넘어오는 옆집의 화목한 웃음소리에, 엄마의 주머니 사정을 훤히 알면서도 피아노 학원에 가고 싶었을 때, 작가가 되기를 포기하고 보건 대학을 선택했을 때…. 괴롭다 느껴지는 모든 순간에, 부모님에 대한 원망이 깔려 있었다.

23살에 엄마가 되고, 결혼해서도 크게 달라지지 않았다. 아빠에게 충분히 받지 못한 사랑을, 아이 아빠한테 채워 달라고 갈구했을 때 돌아온 결과는 뻔했다. 원망의 대상이 부모에서 남편으로 옮겨 갔을 뿐이었다. 생각해 보면 그는 갓 서른을 넘긴, 아직 자신의 삶조차 바로 세우지 못한 나이였다. 그런데 단지 나보다 나이가 많다는 이유만으로, 내 인생까지 책임지라고 울면서 매달렸으니 그는 얼마나 기가 막혔을까….

하지만 그때는 알지 못했다. 텅 빈 마음으로 살아가는 나를 온 마음으로 보듬어 주지 않는다며, 그를 몹시도 미워하고 원망했다. 대학 졸업과 함께 시작된 할머니의 오랜 병시중에 지쳐 갈 때쯤, 도피처로 결혼을 택했었기에 더욱 그에게 매달릴 수밖에 없었다.

공무원이 되어서는 원망의 수위가 더 높아졌다. 그 원망의 대상은 점점 거대해져 '내가 아닌 모든 것들'을 향해 있었다. 마음대로 되지 않는 일, 의도와는 다르게 흘러가는 상황, 매끄럽지 못한 인간관계, 불공평한 인사고과, 승진에만 내몰리는 직장 분위기, 몰상식한 민원인…. 어쩌면 불행한 내 인생 전부.

다시 영화 〈가버나움〉 속으로 들어가 보자. 이 영화의 모든 인물은 전문 연기자가 아닌, 해당 역할과 비슷한 환경, 경험을 가진 실제 인물들로 캐스팅됐다. 자인 역의 '자인 알 라피아'는 시장에서 배달 일을 하던 시리아 난민 소년이었다. 이 영화의 감독인 나딘 라바키는 말한다.

"현실은 영화보다 훨씬 심각하다."

부모와 가족, 세상을 탓하며 내가 만들어 낸 지옥은, 영화 밖 현실과 다르지 않았다. 어린 시절 채워지지 않은 결핍들, 나를 둘러싼 마땅찮은 환경, 해결하지 못한 과제들, 나를 괴롭히는 의미 없는 말들, 뜻대로 되지 않는 한심한 사람들…. 그 모든 것을 한데 버무려서 머릿속에 집어넣고는, 그 속에서 매 순간 고통을 즐기며 살다시피 했다. 그것은 내가 만들어 낸 혼자만의 지옥이었고, 다른 사람들은 모르는 완벽한 불행의 소용돌이였다.

퇴사 사유는 '도전'입니다

우리는 살면서, 이렇게 스스로 지옥을 만든다. 그리고 그 안에서 부모와 세상을 원망하며, '탄생' 자체를 부정한다. 그래야만 자신이 처한 불행의 원인을 세상으로 돌릴 수 있고, 오늘 현실에 안주할 핑계를 만들 수 있으니 말이다. 그러나 정답은 언제나 내 안에 있다. 내 삶의 모든 책임은, 바로 나 자신에게 있다.

세계적인 극작가이자 노벨 문학상 수상자이기도 한, 조지 버나드 쇼는 말했다.

"성공하는 사람들이란 자기가 바라는 환경을 찾아내는 사람들이다. 발견하지 못하면 자기가 만들면 된다."

이제 나는, 주어진 현실을 탓하지 않는다. 병중에 얻은 큰 깨달음으로 인해 인생의 전환점을 맞이했고 내가 만든 지옥의 문을 닫아 버렸다. 그리고 스스로에게 물었다.

'나는 누구인가?'

'어디로 갈 것인가?'

'어떻게 도달할 것인가?'

이 질문에 대한 대답으로, 나는 며칠 전 사직서를 냈다. 공무원 11년 차, 정년퇴임도 명예퇴직도 아닌 희망퇴직이다. '적어도 나 자신에게는 거짓말하지 말자', '행위 중심의 삶을 멈추고, 존재 중심의 삶을 살자'라는 결론에 이르렀기 때문이다. 그리고 사직서에 이렇게 적었다.

"새로운 꿈에 도전하기 위하여 사직원을 제출하오니, 재가하여 주시기 바랍니다."

이 책이 세상에 나오게 될 즈음, 나는 '자유인'이 되어 있을 것이다. 공무원이라는 간판 대신, '작가', '백수', '이봐' 등 어떻게 불려도 상관없는, 그냥 '내가 되는 것'이다. 지난날 자신의 존재를 부정하고 세상을 탓하던, 어리석고 미혹했던 삶을 온전히 책임지고자 한다. 그것은 대단한 '무엇'이 되겠다는 말이 아니다. 그 길은 성공의 여부를 초월한다. 오로지 '나'로 살겠다는 다짐이다.

사람은 누구나 소명을 가지고 세상에 태어난다. 그리고 그 소명이 무엇인지, 자신의 존재 가치가 무엇인지는 본인 스스로 찾아야 한다. 이 세상에서 나를 가장 잘 아는 사람은, 나 자신이다. 나는 성장의 길을 택했다. 그 길에는 엄청난 시련과 역경이 도사리고 있을 것이다. 그럼에도 그 길을 선택한 것은, 좀 더 '괜찮은 나'로 살고 싶기 때문이다.

한 번뿐인 인생, 나는 이제 평생 글을 쓰는 작가로 살아갈 것이다. 내 부끄러운 고백이, 단 한 사람의 독자에게나마 진심으로 가 닿는다면, 나는 값진 인생을 사는 것이다. 그러나 나의 글을 읽어 주길 구걸하지는 않을 것이다. 또한 내 글이 사람들의 차가운 시선에 떨도록 방치하지도 않을 것이다. 그 어떤 순간에도, 나는 나아갈 것이다. 그리하여, 글을 쓰는 작가의 삶이 행복했노라 스스로에게 말할 수 있는 마지막 순간을 맞이할 것이다.

인생은 여전히 죽음을 향해 가는 여행길이다. 가는 동안 조심히 넘긴 삶은 계란 하나에 목이 메어 올지라도, 사이다 한 잔에 뻥 뚫리는 즐거움을 맛보리라. 어제의 나보다 한 뼘 더 전진하는 오늘의 내가 될 것이다. 누가 뭐래도, 내 인생은 내가 만들어 가는 것이다.

어떤 인생을 살 것인가! 선택은, 온전히 당신의 손에 달려 있다.

엄마,
고마워 미안해 사랑해

"어, 엄마. 안 주무시고…. 이 시간에…. 혹시, 무슨 일 있어?"

"무슨 일은…. 우리 큰딸 목소리 듣고 싶어서 전화했지. 자다 깼나 보네…. 피곤할 텐데, 괜히 내가 잠을 깨웠구나…."

새로운 업무를 맡아, 매일 야근에 시달리고 있을 때였다. 그 핑계로 안부 전화도 하지 못했다. 하지만 무슨 일이 있지 않고서야, 밤 12시가 다 된 늦은 시각에 전화를 할 엄마가 아니었다.

"엄마, 무슨 일 있지! 말해 봐…. 내가 바보인 줄 알아? 자식인 내가 엄마를 모를까!"

"사실은⋯."

나는 바보 멍청이였다. 엄마를 몰라도 너무 몰랐다.

"며칠 전에 면민 체육 대회가 있었어. 그런데 그게⋯. 일단, 치매는 아니라니까 놀라지 말고 들어. 엄마가 화물차를 끌고 학교 운동장에 가니까 자리가 없었나 봐. 그래서 면사무소에 대 놓고 걸어갔겠지. 그런데, 엄마가 입장 아줌마(엄마의 제일 친한 친구)한테 전화를 했대. 그래서 내 차 봤냐고 아줌마한테 묻더래. 그러니까 그게⋯."

이게 도대체 무슨 소리란 말인가! 평소처럼 대책 없이 눈물이 왈칵 터져 나오려는 것을, 억지로 꾹 참았다. 떨리는 손을 부여잡으며, 일단 엄마의 말을 끝까지 들었다.

"아줌마야 당연히 모르지⋯. 모른다고 대답하고 나서, 아무래도 이상하래. 그래서 나 있는 데를 물어서 왔는데⋯. 내가 정신이 완전히 나가 있더란다. 그래서 나를 데리고 집에 갔겠지. 아빠를 불러 시내 병원에 가서 CT도 찍고, 뭐 이것저것

검사했나 봐. 아빠는 치매 아니냐고 내내 걱정하고⋯. 그런데, 있잖아. 나는 화물차 시동을 건 기억은 있는데, 그 후로 기억이 전혀 없는 거야. 자고 일어나서 좀 황당했지 뭐니⋯."

"으아아앙⋯. 엄마 뭐야!"

필사적으로 참았던 눈물이, 한순간에 터졌다.

"그 얘기를 왜 지금 하는데⋯. 엄마는 자식이 넷이나 되는데, 어쩜 그래? 엄마 진짜 이러기야! 엄마 때문에 내가 못 살아. 지금 당장 갈게⋯."

"아이고, 얘는⋯. 내일 출근해야 하잖니! 그리고 내가 너 이럴 줄 뻔히 알았어. 분명히 지금처럼 울고불고 난리 칠 텐데⋯. 내가 바로 전화할 수 있었겠니? 아빠도 좀 지켜보다가 내 정신이 안 돌아오면 그때 전화하려고 했대. 그리고 이렇게 정신 돌아왔으면 됐잖아. 그러니까 진정 좀 해. 걱정할 정도는 아니야⋯. 얘기 안 하고 있다가 나중에 알게 되면, 엄청 뭐라 할까 봐 이실직고하잖니. 지금은 괜찮으니까 걱정하지 마. 알았지?"

세상 모든 엄마가 나이 들어 할머니가 되어도, 우리 엄마만은 그대로일 줄 알았다. 세상 모든 엄마들이 병들고 초라해져도, 우리 엄마만은 여전히 천하장사일 줄 알았다. 그런데 이럴 수는 없는 일이었다. 그러면 안 되었다. 우리 엄마는 절대 지금 그렇게 무너지면 안 되는 사람이었다.

따뜻하고 영원한 사랑

부지런하고 일 잘하고, 마음씨 착한 사람. 정말 못 하는 거 빼고는 다 잘하는 희대의 사기 캐릭터. 바로 우리 엄마였다. 종가의 모든 살림과 생계를 혼자 책임져야 했던 그녀는, 사실상 집안의 가장이나 다름없었다. 나는 그런 엄마와 함께할 수 있는 일이면, 뭐든 좋았다. 그것은 힘겨운 노동이 아니라, 바쁜 엄마와 함께할 수 있는 유일한 놀이였다. 그중에서도 엄마랑 산에 약초를 캐러 가는 일은 정말 흥미롭기 짝이 없었다. 겨울의 농촌. 일거리가 없는 그 계절이면 도라지와 근대 같은 것들을 캐러, 꽁꽁 얼어붙은 산을 올랐다. 그것들을 캐 와서 일일이 껍데기를 벗기고 뽀얗게 말려서 약초 시장에 내다 파는 일은, 돈벌이 그 이상이었다. 약초값을 받은 날이면, 엄마가 사 준 풀빵 하나에 온몸에 온기가 도는 행복을 맛보았다. 가을에는 도토리와 밤을 주우러 다녔다. 콩알보다 조금 더 큰 산밤을 다람쥐와 시합하듯 정신없이 모으다 보면 어느새 해가 앞산을 넘어가고 있었다. 봄에는 홑잎나물, 고사리, 취나물을 뜯었다. 어쩌다 산딸기나 으름 같은 열매를 만나는 재수 좋은 날도 있었다. 지금도 가끔, 그 시고 떫떠름한 것들이 생각이 나곤 한다. 그러면, 나는 어느새 엄마랑 마을의 이 산 저 산 능선을 타고 한바탕 숨바꼭질을 하고 있는 것이다. 대충 둘둘 말아 싸 가지고 간 주먹밥에 신 김치 한 조각을 올려서 먹던, 소박해서 더 소중했던 날들. 그날의 따스한 공기, 찬란한 햇빛, 엄마의 보드라운 숨결….

그러나, 행복한 기억 너머에는 떠올리기 힘겨운 장면이 숨어 있기 마련이다. 엄마는 영화배우 신성일을 닮은 외모에 반해, 내로라하는 선 자리를 마다하고 가난한 종갓집 장손인 아빠를 선택했다. 모든 선택에는 책임이 따르는 법이다.

눈치라는 게 생긴 여덟 살 무렵, 엄마가 우리 네 남매를 버리고, 도망을 가도 이상할 것이 하나 없다고 생각했다. TV 드라마 속 인물들이 그러했고, 바람결에 들은 소문에 의하면 아랫마을 아줌마도 그랬으니까. 어린 눈에도 엄마의 삶은 꽤나 고달파 보였다.

그러던 어느 날 "이번에 외갓집에는 은진이(셋째 여동생)하고 석호(막내 남동생) 둘만 가는 거야!"라고 엄마가 선포한 그날. 이제 다시는 엄마를 못 보게 될지도 모른다는 생각에 가슴이 철렁 내려앉았다. 그러나 가지 말라고 붙잡을 수가 없었다. 그렇게 엄마가 동생들을 데리고 서울로 떠나 버린 뒤, 나는 혼자 고아 놀이를 해야만 했다. 신작로 버스 정류장에 나가서, 저녁이 다 되도록 하염없이 앉아 있는 여덟 살짜리 꼬맹이를 뒤로하고 시간은 더디게 흘러만 갔다.

며칠이 지났을까, 마침내 주황빛 노을 속에서 동생 하나는 포대기에 동여매 업고, 좀 더 큰 것은 잡아 걸리고, 머리에는 보따리 한 짐을 얹은 채 논두렁 사이를 지나 점점 또렷해지는 형상을 보고야 말았다. 엄마였다! 나는 그제야 눈물인지 콧물인지 모를 것을 있는 대로 흘리며, "엄마! 왜 이제 왔어…. 엄마!" 하고 목 놓아 부르며 달려 나갔다.

얼마 전, 이 '고아 놀이'에 대해 엄마와 처음으로 이야기를 나누었다. 그리고 그 영겁의 시간이 고작 1박 2일 친정 나들이였다는 것을 알게 되었다.

나는 점점 어른이 되어 가고,
엄마는 점점 아이가 되어 간다

흔들리는 마흔을 기꺼이 맞이한 나는, 매일 조금씩 전진하는 삶을 살고자 애쓰고 있다. 삶의 한 복판에서 존재의 가치를 깨닫게 되었고, 비로소 진짜 어른이 되어 가는 중이다. 하지만 문득 외로울 때, 순간 두려워질 때, 마음 한구석이 허전할 때…. 아무리 애써도 감정 다스리기가 쉽지 않은 날에는, 여지없이 엄마가 떠오른다.

일시적 기억 상실증을 겪은 후 일상으로 돌아온 엄마는, 부지런하고 마음씨 좋은 시골의 농군이자 마을의 부녀회장으로 여전히 바쁘게 살고 있다. 그러나 그 사건을 계기로 나는 엄마의 일생을 온전히 다시 바라보게 되었다.

유대인 속담 중에 "신은 모든 곳에 함께할 수 없기에, 어머니를 만들었다"라는 말이 있다. 엄마는, 나에게 존재 그 이상의 의미를 지닌다. 그래서 엄마 없는 삶은, 생각조차 할 수도 없다. 하지만 나는 알고 있다. 이제 내가 엄마를 돌봐드려야 할 때가 왔다는 것을, 내가 오롯이 나로 우뚝 서야만 한다는 것을, 더 늦어 버리면 안 된다는 것을, 우물쭈물하다가는 돌이킬 수 없는 후회만 남는다는 것을….

나는 점점 어른이 되어 가고, 엄마는 점점 아이가 되어 간다는 것을.

엄마가 좋아하는 피자 한 판을 산다. 알고 보니, 순대나 떡만큼 피자를 좋아하신다. 과일은 제일 큰 놈이 맛있다고 하셨으니, 참외도 특품으로 한 박스 산다. 엄마가 제일 좋아하는 돈 봉투도 잊지 않는다. 오늘은 꼭 엄마한테 가야겠다. 차마 엄마에게 전할 수 없는 혼잣말을 되뇌면서 말이다.

"엄마…. 엄마…. 언제까지라도 '엄마, 엄마!' 부르며 달려가게 해 줘. 엄마 음식도 악착같이 얻어먹을 거야. 그러니까 아프지 마. 제발…. 이제 우리들 걱정은 하지 마. 다들 제 몫 하며 잘 살고 있잖아. 엄마의 큰딸, 그래…. 제일 아픈 손가락이었던 나도, 이제 제 길 찾아서 가잖아. 멋있지? 끝까지 지켜봐 줘…. 엄마. 그리고 할 수만 있다면! 다시 태어날 수만 있다면! 그때는 내가 엄마의 엄마로 태어날게. 그래서 엄마한테 받은 사랑 그대로 돌려줄게. 시도 때도 없이 안아 줄게. 맛있는 음식 해서, 꼭 먼저 먹여 줄게. 매일 사랑한다고 말해 줄게…. 태어나게 해 줘서 고마워. 미안해 엄마. 사랑해. 엄마…. 엄마!"

이제 그 해답이 사랑이라면
나는 이 세상 모든 것들을 사랑하겠네

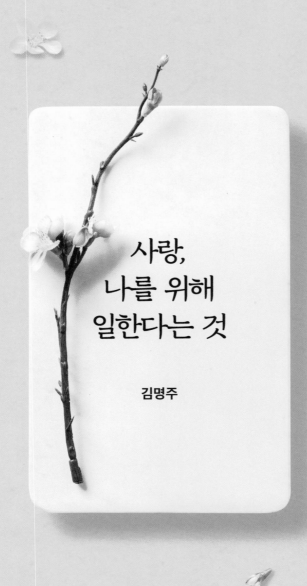

사랑,
나를 위해
일한다는 것

김명주

작가

김명주

국제학을 전공하고 졸업 후 취업준비생, 아르바이트생으로 1년이 넘는 시간을 보낸 그녀는, 또래보다 조금 늦게 사회생활을 시작했다. 첫 직장이었던 국제회의기획사 (PCO)에서 프로젝트 어시스턴트로서 전시와 포럼을 기획하고 실행했다. 이후 글로벌 자동차, 소비재 회사 등을 거치며 임원 비서, 데이터 애널리스트, 패션 스타트업 오퍼레이션 매니저 등 다양한 업무를 경험했다. 현재는 글로벌 헬스 테크 스타트업에서 마케팅을 담당하고 있다.

다양한 업종, 직무, 기업 문화를 경험하며 매번 새로운 것을 빠르게 배워 나갔기에, '변화에 대한 빠른 적응력'이라는 무기를 갖추게 되었다. 그녀는 주어진 일에 최선을 다하면서 자신에 대해 더 깊게 알게 되고 더 사랑하게 되었다고 말한다. 다소 난잡하게 보일 수 있는 자신의 이력서를 자랑스럽게 여기는 그녀는, 앞으로 자신이 만들어갈 기회들에 대한 설렘으로 여전히 배움을 이어나가고 있다.

어느덧 30대에 접어든 지금, 자신을 사랑하기 위한 또 다른 여정으로 작가의 길을 선택했다. 그녀가 20대를 보내며 내면을 단단하게 다져나갈 수 있었던 것은 책을 읽고 끄적이면서 작가와 대화하던 습관 때문이었다고 이야기한다. 이에, 그녀 또한 작가로서 다른 이들에게 선한 영향을 주는 것을 목표로 삼고 있다. 독자들이 이 책을 통해 그들에게 주어진 일을 바라보는 새로운 시각을 얻어가기를 소망한다. 일을 통해 '사랑'의 참 진리를 깨닫기를 바란다. 현재는 블로그를 통해 그녀만의 솔직 담백한 글을 꾸준히 올리며 개인 저서 출간을 준비하고 있다.

BLOG http://blog.naver.com/ippnjoo2
INSTAGRAM @myungjoo_kim629
E-MAIL myungjookim629@gmail.com
LINKEDIN https://www.linkedin.com/in/myungjoo-kim-9764897a/

내게 주어진 일을 통해,
나를 알아가는 것의 아이러니

"사람들은 자기들이 누구인지도 모르면서 성급하게 부부가 되려고 한다. 대개는 고독에 대한 두려움이 사람들로 하여금 짝을 짓도록 부추긴다. …중략… 두 남녀가 하나의 커플을 이루려면, 둘이 아니라 넷이 되어야 한다. 저마다 자기 안에서 '또 다른 자아'를 찾아내야 하기 때문이다. 남자는 자기 안의 여성성을 받아들여야 하고, 여자는 자기 안의 남성성을 받아들여야 한다. 그렇게 완전해진 두 남녀는 자기에게 없는 것을 더 이상 상대방에게서 구하려 하지 않는다. 그들은 이미 자기들 안에서 이상적인 여자나 이상적인 남자를 찾아냈기 때문에 어떤 이상형에 대한 환상을 품지 않고 서로 자유롭게 결합할 수 있다."

프랑스 소설가 베르나르 베르베르는 『베르나르 베르베르의 상상력 사전』에서 위와 같이 말한다. 얼마 전부터 주변에서 친구들의 결혼 소식이 하나둘 들려왔다. 아직 나에게는 먼 얘기로 느껴지던 결혼이었지만, 왠지 조급한 마음이 생겼다. 그런 나에게 부부에 관한 그의 문장은 사랑과 결혼에 대한 새로운 시각을 선사해 주었다. 부부로서 완전체가 되려면 각자가 자신에 대해 충분히 알아야 한다는 것이다. 그래야 서로를 본모습을 인정하고 사랑할 수 있기 때문이다. 결혼이 늦어지면 그만큼 나에 대해 알아 갈 수 있는 시간이 확보된다. 그러면 결혼 후 상대방을 있는 그대로 인정하고 사랑하게 될 가능성이 더 커질 테니 조급해할 필요가 전혀 없었다.

그렇다면 나에 대해 알아 간다는 것은 무슨 말일까? 내가 원하는 것, 내가 싫어하는 것, 내가 좋아하는 사람 등 나의 호불호(好不好)를 알아 가는 것이다. 이는 나의 가치관과 인생의 목표를 정립하는 토대가 되고 나와 내 인생에 대한 사랑의 근간이 된다.

'일'로 나를 알아 가는 방법

"새는 알에서 나오려고 투쟁한다. 알은 세계이다. 태어나

려는 자는 하나의 세계를 깨뜨려야 한다." 헤르만 헤세의 『데미안』에서 데미안은 방황하는 싱클레어에게 이렇게 조언한다. 진정한 자신을 찾기 위해서는 치열한 자아 성찰을 통해 알을 깨는 과정이 불가피하다는 것이다. 이 책은 싱클레어가 겪은 청소년기의 방황을 이야기하지만, 어른인 우리에게도 해당하는 부분이 많다. 성인이 되었어도 우리는 계속해서 새로운 알들과 마주한다. 그것들을 하나씩 깨면서 우리는 자신에 대해 더 깊게 알게 된다.

그동안 내게 찾아온 일(業)들은 알을 깨뜨려 나가며 자신을 찾아가는 중요한 과정이었다. 원하던 일이었는데 막상 해 보니 생각했던 것과 달랐던 적도 있다. 겉으로 보이는 화려함에 이끌려 국제회의 기획사(PCO)에서 첫 사회생활을 시작했을 때가 그랬다. 이때, 나라는 사람은 지나치게 과중한 업무와 엄격한 분위기에서는 의욕이 생기지 않는 사람이라는 것을 알게 되었다. 우연한 기회에 생각지도 못한 일을 맡게 된 적도 있다. 외국계 자동차 부품 회사에서 임원 비서로서 근무했던 것이 이에 해당한다. 누군가의 업무 효율이 높아지도록 서포트하는 일이 의외로 보람 있었다. 하지만 곧 다른 사람의 업무를 서포트하기보다는 내 업무로 인정받기를 원한다는 내면의 목소리를 듣게 되었다. 이후 외국계 소비재 회사에서 데이터 애널리스트로 일하게 되었다. 그때 갖게 된 새로운 분야에 대한 호기심으로 패션 관련 스타트업에서 오퍼레이션 매니저로 일할 기회도 얻었다. 이때, 한 사람이 다양한 일을 하고 빠르게 결과물을 확인할 수 있는 다이나믹한 근무 환경이 내게 적합하다는 것을 알게 되었다.

결국, 중요했던 것은 주어진 일을 대하는 자세였다. 어떤 일을 맡게 되든 그것을 나에 대해 알아 가는 기회로 삼느냐 그렇지 못하느냐의 문제였다. 나는 내게 주어진 일에 충분한 열정을 쏟으며 나를 알아 가는 기회로 십분 활용했다. 내가 어떤 업무 환경을 좋아하는지, 어떤 사람과 함께할 때 일이 잘되는지, 어떤 일에서 만족을 느끼는지 알아 갔다. 나에 대해 알아 갈수록 내가 좋아하는 환경을 찾아갈 기회가 많아졌다. 지금도 마찬가지다. 최근 새로 맡은 마케팅 업무도 나의 어떤 점을 더 알 수 있을지 기대하며 임하고 있다.

더 나은 나를 발견하고 사랑할 기회 '일'

흔히 직장을 단순히 '돈을 벌기 위해 어쩔 수 없이 가는 곳'이라는 관점으로 바라본다. 원치 않는 일이 주어지는 경우가 많기 때문이다. 때로는 '가족의 생계를 위해 내가 희생하고 있다'라는 생각에 미치기도 한다. 그 결과, 직장에 있는 동안 소극적으로 임하게 되고 힘들 때 가족을 탓하기도 한다.

빅터 프랭클의 저서 『죽음의 수용소에서』는 힘들 때 읽으면 마음을 다잡게 되는 책이다. 유대인이었던 그는 자신의 존재 가치를 확인할 수 있는 어떠한 표식도 없는 알몸 상태로 나치 수용소 생활을 하게 된다. 열악한 환경에서 먹고, 자고, 일하며 인간의 기본적 권리는 무시당했다. 언제 죽을지 모르는 심리적인 불안과 수치심 속에서 그는 다른 수감자들과는 다른 관점을 택했다. 정신과 의사였던 그는 나치 수용소를 죽음과 마주한 다양한 인간의 심리를 분석하는 하나의 실험 공간으로 보았다. 또한, 수용소를 탈출해서 관찰한 것을 바탕으로 논문을 쓰고 강단에 서는 모습을 상상했다. 결국, 그는 악조건을 이겨 내고 끝까지 살아남았고, 그의 상상은 현실이 되었다.

만약 지금 주어진 일을 계속해야만 하는 상황이라면 빅터 프랭클의 관점에서 힌트를 얻을 수 있을 것이다. 주어진 상황을 기회로 인식했던 그의 적극적인 태도는 같은 상황 속의 다른 수감자들과는 확연히 다른 결과물을 만들어 냈다.

미국 경제학자이자 경영학의 대가 피터 드러커는 말한다.

"일은 인격의 연장이다. 일은 성취를 목적으로 한다. 일은 자신을 정의하고 자신의 가치와 인간성을 가늠하는 방법 중 하나이다." 주어진 일을 긍정적으로 바라보면 나를 알아 가고, 사랑하는 기회로 삼을 수 있다. 이러한 관점은 일에 적극적으로 임하는 원동력이 되기도 한다. 자연스럽게 다른 사람들도 당신의 이런 태도를 인지하게 된다. 결국, 당신은 많은 보상을 주어서라도 함께 일하고 싶은 사람이 된다. 그렇게 더 나은 당신을 발견하고 사랑하기 위한 또 다른 기회들이 하나씩 다가올 것이다.

Spend your time
= Love yourself

　앞서 언급했듯, 내게 주어진 일은 나를 알아 가고 사랑하기 위한 기회이다. 하지만 그렇다고 워커홀릭이 되라는 뜻은 아니다. '워커홀릭'은 일에 너무 함몰된 나머지 직장에서 보내는 시간과 그 외의 시간을 분리하지 못하는 상태이다. 물론 직장인에게 일은 생계유지와 밀접한 관계에 있고, 커리어 관리는 직장인의 영원한 숙제이다. 하루 중 대부분을 직장에서 보내기에 자연스레 일이 인생의 중심에 자리 잡게 된다. 그러다 보니 하던 일을 집에 가져와서 하기도 한다. 하지만, 이는 자칫하면 일 외에 인생의 행복을 이루는 다양한 요소들이 주는 가치를 망각하는 결과로 이어진다.

　"일에다 자신을 온전히 투신하면 뛰어난 업적을 성취할

수 있다는 잘못된 생각이 있다. 균형의 관점에서 보면 너무나 분명한 것이, '일에 완전히 빠져든다'라는 것은 양팔 저울의 한쪽에 그 일을 올려놓고 다른 쪽에는 그 나머지, 세상 모든 것을 올려놓고 달아보겠다는 뜻이다. 균형은 깨지게 되어 있고, 그 결과는 오래 기다릴 필요도 없을 것이다. 결과는 기대했던 것과는 정반대가 될 것이다."

양자물리학자 바딤 젤란드는 그의 저서 『리얼리티 트랜서핑 1』에서 경고한다. 그의 경고처럼, 우리가 가진 에너지는 한정되어 있고, 에너지를 일이라는 하나의 영역에 치우쳐 사용하면 다른 영역들이 무너지게 된다. 따라서 일과 그 외의 영역들 사이에서 균형점을 찾아 에너지를 고르게 사용하는 것이 중요하다. 이를 위해서는 일을 최대한 효율적이고 효과적으로 해낼 필요가 있다. 이를 위해 내가 활용했던 세 가지 방법을 공유해 보고자 한다.

1. 적절한 휴식으로 집중력 높이기

레이 힐버트와 토드 홉킨스의 저서 『청소부 밥』은 밥이라는 청소부가 젊은 CEO 로저에게 여러 가지 인생의 교훈을 전달하는 내용이다. 과거에 밥이 일에 치여 있을 때, 밥의 아내는 새장을 만들어 달라고 부탁했다. 이를 거절할 수 없었던 밥은 할 수 없이 얼마간 퇴근 후에 새장을 만드는 일에 집중해야 했다. 아내의 의도대로 그는 이를 통해 자연스럽게 휴식을 취할 수 있었고 업무 능률도 올랐다. 이 이야기를 듣고 로저 또한 의도적인 휴식 시간을 가졌다. 그리고 다음 날 아무리 고민해도 풀리지 않던 일이 30분 만에 해결되는 경험을 한다.

이처럼 일이 풀리지 않을 때는 그 일에서 빠져나와 다른 곳에 집중해 보는 것이 효과적이다.

나의 경우 퇴근 후 독서가 많은 도움이 되었다. 글을 읽으면서 머리를 식히다 보면 평소 고민하던 문제가 쉽게 풀리기도 한다. 일에서 벗어나 새로운 분야에 대한 호기심을 갖게 되어 세상을 보는 시야가 넓어짐을 느낀다. 책에서 읽은 내용이 추후 지인들과 대화하는 자리에서 화젯거리로 요긴하게 사용되기도 한다. 특히, 격주로 참여하는 독서 모임에서 맛있는 음식을 먹으며 서로 책에서 공감했던 내용에 대해 소통할 때 그 주에 있었던 피로를 잊게 된다.

2. 우선순위에 따라 하나씩 처리하기

종일 바쁘게 움직이며 일했는데, 한 일은 없는 것 같은 느낌이 들었던 적 있는가? 베들레헴 철강 회사 대표였던 찰스 슈왑은 생산성 컨설턴트 아이비 리에게 업무 생산성을 높이는 방법에 대한 자문을 구했다. 이때, 아이비 리는 회사 경영진에게 단 15분짜리 조언을 했고 3개월 후 그 대가로 자그마치 40만 달러를 받았다. 그의 조언을 받아들여 변화를 시도한 결과 직원들의 업무 효율성이 놀라울 정도로 개선되었기 때문이었다. 그는 어떤 조언을 했던 것일까? 그의 조언은 단순했다. 먼저, 하루를 마치기 전 내일 해야 하는 일, 여섯 가지를 우선순위대로 적는다. 다음 날 그 순서에 따라 하나씩 처리해 나간다. 그중 끝내지 못한 업무는 그다음 날 해야 할 목록을 작성할 때 상위에 배치한다. 여기서 핵심은 '우선순위'와 '하나씩'이다.

나의 경우, 중요하지만 시급하지 않은 일을 미루다가 중요하고도 시급한 일이 되어 버려서 야근한 경험이 몇 번 있다. 우선순위를 정할 때 긴급도와 중요도를 함께 고려하지 못했기 때문이다. 한편, 여러 일을 빠르게 해내야 한다는 압박감에 멀티태스킹을 잘하고자 애쓰기도 했다. 이는 멀티태스킹에 취약한 뇌의 특성을 잘 몰랐기 때문이다. 가바사와 시온은 그의 저서 『야근은 하기 싫은데 일은 잘하고 싶다』에서 "멀티태스킹을 할 경우, 지능지수(IQ)가 10 정도 떨어진다고 한다. …중략… 실수를 일으킬 확률도 최대 50% 높아진다"라고 언급한다.

다행히 아이비 리의 조언을 실천하기 시작한 이후, 내가 야근하는 횟수는 눈에 띄게 줄었다. 퇴근할 때쯤 확인해 보면 여섯 가지를 다 끝내지 못했어도 가장 중요한 것들은 이미 끝내 놓은 상태였다. 또한, 실수가 확연히 줄어들어 그것을 수습하느라 시간을 낭비하지 않아도 되었다.

3. 자투리 시간을 위한 To Do List 만들기

취업사이트 '파워잡'은 직장인 522명을 대상으로 회사에서의 시간 활용에 대한 설문조사를 진행했다. 하루 평균 낭비되는 시간이 2시간(34.3%)이라는 응답이 1위, 1시간(28%)이라는 응답이 2위를 차지했다. 이는 자투리 시간만 의식적으로 잘 사용해도 퇴근 시간을 최대 2시간 앞당길 수 있음을 말해 준다.

자투리 시간은 규칙적으로 생기기도 하지만, 예기치 않게 생기는 경우도 많다. 일례로 미팅이 갑자기 예정된 시각보다 지연되는 경우를 들 수 있다. 만약 자투리 시간에 할 일들을 미리 리스트로 정리해 놓았다면, 그러한 시간이 생기더라도 머뭇거리지 않고 바로 일을 시작할 수 있다. 보통 나는 고도의 집중력이 필요하지 않은 단순한 일들을 몰아서 한다. 메일 확인하기, 업체에 문의 전화하기 등이 이에 해당한다. 한편, 자투리 시간을 위한 계획을 세웠어도 실천을 막는 방해 요소가 생길 수 있다. 예를 들어, 잠시 동료들과 커피를 사러 나갔다가 상사 뒷담화나 신세 한탄으로 얘기가 길어지는 경우가 있다. 이는 친밀감을 높이는 기회가 될 수 있겠지만, 다른 긍정적인 효과를 주지는 않는다. 따라서 해야 할 업무가 있다면 유연하게 그 자리를 피할 수 있어야 한다. "3시에 부장님께 보고하기로 했는데, 아직 보고서에 손도 못 댔네요. 죄송하지만 먼저 올라가 볼게요"라고 자리를 떠야 하는 불가피한 이유를 명확히 설명하면 자연스럽게 자리로 돌아갈 수 있다.

괴테는 "30분이란 티끌과 같은 시간이라고 말하지 말고, 그동안이라도 티끌과 같은 일을 처리하는 것이 현명한 방법이다"라고 말했다. 자투리 시간을 소중히 여기고 최대한으로 활용한다면 숨어 있던 시간도 꺼내어 쓸 수 있게 될 것이다.

인생에는 일 외에도 중요한 것들이 있다

"아무것도 안 하다 보면 대단한 뭔가를 하게 되지."

디즈니 영화 〈곰돌이 푸 - 다시 만나 행복해〉에서 크리스토퍼 로빈에게 그의 어릴 적 친구인 곰돌이 푸가 찾아와서 한

말이다. 가장이 된 크리스토퍼 로빈은 주말도 반납하며 회사
일에 힘을 쏟아 왔다. 지금 열심히 해서 성공해야 미래에 가
족들과 행복할 수 있다는 생각에 사로잡혀 있었기 때문이다.
하지만 그동안 가족과 많은 시간을 함께하지 못한 탓에, 그의
가정은 무너질 위기에 처한다.

　다행히 푸를 만나 그는 오랜만에 일과 자신을 분리하고 휴
식을 취하게 된다. 이를 계기로 현재 가족과 함께할 수 있는
시간을 미래의 행복을 위해 무조건 희생하는 것이 어리석은
행동이었음을 깨닫는다. 이후 가족과의 관계를 회복한 그는
업무에서도 창의적인 해결책을 제시하며 성과를 얻게 된다.
"아무것도 안 하다 보면 대단한 뭔가를 하게 되지"라는 푸의
말은 일 외에 건강, 가족, 관계 등 삶의 여러 요소 또한 중요하
다는 것을 상기시켜 준다. 우리도 효과적인 시간 관리를 통해
효율적으로 일하는 사람으로 거듭나 보는 게 어떨까? 그러면
인생의 여러 요소를 균형 있게 돌볼 수 있을 것이다.

'참을 수 없는 존재의 가벼움'
이겨내기

통근 버스 기사님들 중 유독 눈에 띄는 분이 있다. 그분은 승차하는 승객 한 사람, 한 사람에게 밝은 목소리로 정중하게 인사한다. 종점에서 한꺼번에 많은 승객이 하차할 때는 '천천히 내리세요'라는 말과 함께 안전하게 하차하는지 유심히 확인한다. 버스 기사님 중 열의 아홉은 승객들에게 인사를 잘하지 않기 때문에 처음엔 그런 모습이 의아하고 낯설었다. 게다가 그런 그의 모습이 한결같았기에 나중엔 '저분은 도대체 어떤 마음가짐으로 일을 하시는 걸까?'라는 궁금증이 생겼다. 동시에 존경심도 생겼다. 운 좋게 그 기사님의 버스를 탈 때면 따뜻한 에너지에 감화되어 피로가 눈 녹듯 사라지는 느낌이 들었다. 마치 예전에 읽었던 존 고든의 『에너지 버스』의 버스 운전기사 조이를 눈앞에서 보는 듯했다.

"『중용(中庸)』에 실려 있는 '중(中)'은 '희로애락(喜怒哀樂)의 감정이 아직 생겨나지 않은 것'으로 '천하의 근본'을 가리킨다. 즉 그 무엇에도 침해받지 않은 고요하고 평온한 마음으로 세상의 근본 도리를 지키는 것이다. 세상의 근본 도리는 '지나침도 미치지 않음도 없고, 넘치지도 모자라지도 않은 가장 적절하고 조화로운 상태'를 말한다. 곧 '중용(中庸)'이 뜻하는 바다."

고전 연구가 조윤제 작가는 『다산의 마지막 공부: 마음을 지켜낸다는 것』에서 중용을 위와 같이 설명했다. 그 버스 기사님은 아마도 고된 업무 속에서 자신만의 중심을 잡으시며 중용(中庸)을 실천하고 계신 분이었을 것이다. 이는 일요일 저녁때마다 다시 출근할 생각에 심란해지곤 하는 여느 직장인의 모습과 상반된다. 지난주에 쌓여 해소되지 못한 부정적 감정 때문인지 다가오는 월요일에 대한 두려움이 앞선다. 도대체 어떤 부정적 감정이 우리를 괴롭히는 것일까? 북한말 중에 '일사랑'이라는 단어가 있다. 이는 '일을 잘해서 받는 사랑'을 뜻한다. 일이 성공적으로 끝났을 때 우리는 성취감을 느낀다. 하지만, 이와 반대로 일이 실패로 끝났을 때는 자신의 가치도 스스로 낮추어 생각하는 우를 범하기도 한다. 우리는 다양한 감정의 소용돌이 속에서 의연해질 필요가 있다. 여기서는 내가 마음 관리를 위해 활용했던 세 가지 방법을 소개해 보고자 한다.

마음 관리 1. 나 자신과 나의 감정 분리하기

업무 중에 순간적으로 발생하는 부정적 감정에 우리는 어떻게 대처할 수 있을까? 하버드대학 테일러 박사에 따르면 부정적 생각이나 감정의 자연적 수명은 90초이다. 우리가 화를 내는 순간 스트레스 호르몬이 온몸의 혈관을 타고 퍼져 나가는데, 90초가 지나면 저절로 완전히 사라진다. 때문에, 부정적 감정이 발생하면 이를 즉시 해소해 줘야 한다. 내 사무실 책상에 놓인 탁상 거울은 바로 그런 역할을 한다. 부정적 생각이 들 때마다 나는 그 거울을 본다. 나를 객관화하여 타인의 시선으로 바라보기 위해서이다. 만약 화가 난다면 거울 속 나에게 이렇게 말을 건다. '너 화났구나. 근데 너의 이런 모습. 다른 사람들이 좋아할까? 이런 표정으로 일을 하면 뭐가 좋을까?' 하고 잠시 생각한다. 그 후 잠시 다른 장소로 이동해서 물을 마시며 호흡을 가다듬는다. 그렇다면 해소되지 않고 내 마음속에서 곪아 버린 부정적 감정은 어떻게 다뤄야 할까?

"사랑도 그리움도 결국 바닥나. 당신 가슴에서 그 감정을 다 끌어내면, 그 남자에 대한 집착을 버리고 이혼까지 정리하면 그만큼 여유가 생겨. 그럼 어떻게 될 거 같아? 새 세상이 열려. 그러면 꿈꾸던 사랑으로 그 공간을 채워 봐. 나중엔 용량이 커져서 이 세상도 사랑하게 돼."

영화 〈먹고 기도하고 사랑하라〉에서 주인공인 리즈 길버트에게 인도에서 명상하며 만난 친구 리처드가 건넨 조언이다. 그의 말처럼, 긍정적인 것을 흡수할 수 있는 새로운 공간을 만들기 위해서는 부정적 감정을 털어 내야 한다. 나의 경우 일기 쓰기가 많은 도움이 되었다. 회사에서의 실수, 갈등, 압박감 등으로 감정이 복잡해질 때마다 누구에게도 털어놓을 수 없는 이야기를 일기장에 풀어놓는다. 다 써 놓고 보면 인생 전체를 돌아봤을 때 점 하나에 불과한 일에 내 감정을 소모했었다는 것을 깨닫게 된다. 그러면 부정적 감정을 훌훌 털어 버리고 다시 일어날 수 있다.

마음 관리 2. '미인대칭비비불' 외치기

'미인대칭비비불'이라는 단어를 들어 본 적 있는가? 여기에는 인간관계 핵심 원칙이 담겨 있다. '미소 짓고, 인사하고, 대화하고, 칭찬하고, 비난, 비판, 불평은 하지 않는다'라는 뜻이다. 한국 카네기연구소에서 진행하는 '데일 카네기 리더십 코스'를 수강한 지 6년이 넘었지만, 그때 배웠던 이 원칙만큼은 기억하고 있다.

"불평할 때 당신은 세상의 모든 나쁜 것들을 빨아들이는 살아 숨 쉬는 '쓰레기 흡입기'가 된다. 삶의 쓰레기에 초점을 맞추지 말고 쓰레기를 끌어들이지 않을 때 삶은 정말로 경이로워질 수 있다." 전 세계인의 부의 멘토 하브 에커는 그의 저서 『백만장자 시크릿』에서 '불평'에 대해 위와 같이 언급한다. 즉, 불평은 또 다른 불평 거리를 불러온다는 것이다. 나는 불평하는 무리에 어쩔 수 없이 둘러싸이는 경우 '그렇죠. 맞아요' 정도로 맞장구치는 것에 그친다. 혹은 자연스럽게 화제를 돌린다. 추가로 불평 거리를 찾아내고 대화에 덧붙일수록 모두가 더욱 불행해질 뿐임을 알기 때문이다. 내가 지금의 직장을 좋아하는 이유 또한 불평 대신 상황을 개선하기 위해 행동하는 사람들과 함께이기 때문이다.

마음 관리 3. 감사 일기로 마음 정화하기

열병으로 시력과 청력을 잃었던 헬렌 켈러는 3일간 세상을 볼 수 있게 된 상황을 상상하며 『사흘만 볼 수 있다면』이라는 에세이를 썼다. 그녀는 숲 속을 다녀온 친구에게 무엇을 보왔냐고 물었을 때, "특별한 것은 없었어"라는 답을 들었다. 이때 그녀는 생각했다. "한 시간이나 숲 속을 걷고서도 특별히 관심 가질 것을 찾지 못하다니 어떻게 그럴 수가 있을까. 보지 못하는 나는 그저 만지는 것만으로도 흥미로운 것을 수백 가지나 찾을 수 있는데." 이렇듯, 순간에 가치를 부여하고 섬세하게 음미하는 그녀의 글을 읽으면 우리가 무심하게 지나친 것들이 얼마나 많은지 생각해 보게 된다.

『감사의 과학』의 저자이자 UC 데이비스의 심리학 교수인 로버트 에몬스는 "감사하는 사람은 훨씬 살아 있고, 경각심을 가지며 매사에 적극적이고 열정적이며, 다른 사람들과 더 맞닿아 있다고 느낀다"라고 말한다. 이처럼, 감사의 효과는 과학적으로 증명되었다. 나 또한 감사한 일을 찾아낼수록 감사할 일이 늘어남을 느꼈다. 그렇다면 주어진 상황에서 어떻게 감사함을 발견할 수 있을까?

나는 감사할 일들을 의식적으로 찾는 연습을 한다. 아침에 일어나서 5분, 저녁에 잠들기 전 5분씩 투자해서 일기를 쓰면서 말이다. 내가 쓰는 방법은 팀 페리스의 저서 『타이탄의 도구들-1만 시간의 법칙을 깬 거인들의 61가지 전략』에 소개된 일기 쓰기 방식이다. 아침에 일어나면 '감사한 일', '오늘을 기분 좋게 만드는 일', '오늘의 다짐'을 각각 세 가지씩 작성

한다. 아침에 일어났을 때 내 머릿속은 그야말로 도화지 같은 상태이다. 이때 '감사한 일'을 생각하면 평소에 당연시 여겼던 것들이 떠오른다. '나를 걱정하는 부모님이 계셔서 감사하다', '따뜻하게 쉴 수 있는 집이 있어서 감사하다'와 같은 것이다. '오늘을 기분 좋게 만드는 일', '오늘의 다짐'은 오늘이 행복할 수밖에 없는 이유를 떠올리게 한다.

한편, 잠들기 전에는 '오늘 있었던 굉장한 일', '어떻게 오늘을 더 좋은 날로 만들었나'에 대해 각각 세 가지씩 작성한다. 이 질문에 답을 할 때는 오늘을 성찰하고 어지러웠던 감정을 차곡차곡 정리하는 기분이 든다. 이렇게 하루 10분씩 여섯 가지 질문에 답하면 의식적으로 하루의 시작과 끝을 감사의 에너지로 채울 수 있다.

일은 나를 알아 가기 위한 것이다. 또한, 나를 사랑할 기회를 준다. 이 기회를 놓치지 않고 끝까지 해내려면 내 마음이 일로 인해 상처 받지 않도록 잘 보살펴야 한다. 나 또한 소심한 A형이어서인지 몰라도 상사 혹은 동료의 한마디 말에 상처 받는 사람이었다. 그리고 실수를 하면 곱씹어 생각하다가 악몽을 꾸는 스타일이었다. 하지만 지금은 앞서 제시한 세 가지 방법으로 나만의 중심을 단단히 다져 나가고 있다. 이는 내가 계속해서 나아갈 수 있게 하는 원동력이다.

사랑(愛);
일, 배움, 삶의 방식을
바꾸는 것

　임원 비서로 일할 때, 어느 순간부터 일이 손에 익어 여유롭다는 느낌을 받았다. 하지만 마음 한구석이 허전했다. '이렇게 여유로운데 왜 행복하지 않을까?' 하는 의문이 들었고 제2의 사춘기를 겪는 것 같았다. 그러다가 우연한 기회에 미국의 저명한 심리학자이자 세계적인 석학인 미하이 칙센트미하이 교수의 『몰입, 미치도록 행복한 나를 만든다』라는 책을 읽게 되었다.

　"행복은 돈이나 권력으로 얻을 수 있는 것이 아니다. 행복은 의식적으로 찾는다고 해서 얻어지는 것도 아니다. 철학자 밀은 '네 스스로에게 지금 행복하냐고 물어보는 순간, 행복은 달아난다'라고 말했다. 행복은 직접적으로 찾을 때가 아니라 좋든 싫든 간에 우리 인생의 순간순간에 충분히 몰입하고 있을 때 온다."

그는 이 책에서 억지로 노력하지 않아도 스스로 자연스럽게 흘러간다는 의미에서 몰입을 'Flow(흐름)'라는 단어로 표현한다.

몰입과 행복의 관계는 러시아 대문호 톨스토이가 평생에 걸쳐 알아낸 삶의 교훈과도 일맥상통한다. 고려대학교 석영중 교수에 따르면, 톨스토이는 평생 '어떻게 살 것인가'를 고민했고, 인생에서 지속적인 기쁨을 얻으려면 성장이 필요하다고 했다. 또한, 그는 몰입을 성장을 위해 필요한 요소 중 하나로 언급했다. 그의 작품 『안나 카레니나』라는 소설에는 몰입의 가치가 훌륭하게 표현되어 있다.

"레빈은 오랫동안 베어 나감에 따라 더욱더 무아지경의 순간을 느끼게 되었다. 그럴 때는 이미 손이 낫을 휘두르는 것이 아니라 낫 그 자체가 자기의 배후에서 끊임없이 자기를 의식하고 있는 생명으로 가득 찬 육체를 움직이고 있기라도 하듯이 마치 요술에 걸리기라도 한 것처럼 일에 대해서는 아무 생각도 하지 않는데도 일이 저절로 정확하고 정교하게 되어 가는 것이었다. 그럴 때가 가장 행복한 순간이었다."

이는 레빈이라는 지주가 농부들과 어울려 풀을 베는 장면이다. 레빈은 풀을 베는 일에 몰입하는 순간 무아지경(無我之境)에 빠져 자아의 해방감을 느낀다. 내게 제2의 사춘기가 찾아온 이유는 맡은 업무에 '몰입'의 요소가 빠졌기 때문이었다. 몰입하지 않아도 될 만큼 일이 편했고, 이는 내가 이직을 고려한 이유가 되었다. 그렇다면 일에 몰입하는 데 필요한 요소는 무엇일까?

미하이 칙센트미하이 교수가 성균관대학교에 방문해서 강의했을 때 한 방청객이 물었다. "일반인은 자신의 삶을 고양하기 위해 어떤 직장, 어떤 일을 찾아야 할까요?" 그가 한 대답은 명쾌했다. "돈과 안전, 편안함은 인간을 행복하게 하는 데 필요할지 모르지만 절대 충분조건은 될 수 없습니다. 자신의 능력을 충분히 활용하고 잠재 능력을 계발할 수 있다는 느낌을 받아야 하며, 일상에서 스트레스를 받거나 따분해하지 않아야 합니다."

즉, 몰입하기 위해서는 일을 하는 매 순간에 배우고 있다는 기분이 들어야 한다는 것이다. 익숙해진 기존 업무를 하는 것보다 업무를 확장해 새롭게 무엇인가를 배워야 행복할 수 있다. 나 또한 새로운 것을 배워 적용할 때 몰입도가 높아졌고, 재미를 느꼈다. 소비재 회사 구매부에서는 데이터 분석 툴을 새롭게 배웠다. 이후 패션 관련 스타트업에서 오퍼레이션 매니저로 일하면서 계약, 협상, 비용 분석 등에 대해 배웠다. 지금 재직 중인 회사에서는 나에게는 조금 생소한 마케팅과 영업 지원을 담당하게 되었다. 앞으로는 블로그, 인스타그램, 페이스북 등의 마케팅 채널을 효과적으로 운영하는 방법, 디자인 툴 사용법을 배워 나갈 예정이다. 마케팅 관련해서 인사이트를 얻기 위한 독서도 꾸준히 해 나갈 생각에 설렌다.

배워서 사랑하라

막상 무엇을 배워야 할지 감이 잡히지 않는다면, 지금 맡은 업무에 도움이 되는 지식을 쌓아 보는 것이 어떨까? 예를 들어 마케팅 담당자라면 관련 박람회, 전시회, 세미나에 참석하면서 아이디어 소스를 마련해 볼 수 있을 것이다. 좀 더 나아가 마케팅 관련 서적, 잡지 등을 읽어 보고 실무에 하나씩 적용해 보는 것도 좋은 방법이 될 것이다. 나의 경우 일하는 사람의 콘텐츠 플랫폼을 표방하는 '퍼블리(PUBLY)'라는 서비스를 유용하게 활용하고 있다. 일정 구독료만 내면 높은 퀄리티의 업무 관련 콘텐츠를 효율적으로 접할 수 있다는 것이 장점이다. '밀리의 서재'라는 서비스의 경우, 정기 구독료를 내면 무제한으로 e-book을 열람할 수 있어서 유익하다.

만약 생소한 업무를 맡게 되었고, 배워 나갈 용기가 생기지 않는다면? 세계적인 비즈니스 컨설턴트이자 성공전략 전문가 브라이언 트레이시의 말을 기억하자. 그는 "무엇이든 배울 수 있다"라고 말한다. 그는 고등학교 중퇴 후, 식당의 접시 닦이, 청소부, 경비원, 공사장 막일꾼 등을 전전하다가 방문 판매를 하며 세일즈맨으로서 성공을 거뒀다. 이후에도 그는 다양한 사업을 시작할 때마다 "이 분야의 성공 법칙과 원칙은 무엇일까?"라는 의문을 가졌다. 관련된 책을 읽고, 강좌, 세미나에 참석하고 자문할 사람을 찾아다녔다. 그리고 배운 내용을 실전에 적용했다. 무엇이든 수단과 방법을 가리지 않고 배워 흡수했고 나아가 이런 그의 경험을 강연과 저술 활동을 통해 알려 다른 사람들에게 동기 부여하고 있다.

나를 사랑하는 방법은 그리 멀리 있지 않다. 나에 대한 사랑은 나를 더 잘 아는 것에서 시작된다. 직장에서 우리는 어떤 일을 부여받는다. 그 일은 내가 예상하지 못한 일일 수도 있고, 내가 별로 좋아하지 않는 일일 수도 있다. 하지만 중요한 것은 주어진 일에 대해 내가 갖는 태도이다. 내게 주어진 일을 나를 알아 가기 위한 소중한 기회로 인식해 보자. 그리고 그 일에서 새롭게 배울 수 있는 것이 무엇인지 찾아보자. 내가 활용할 수 있는 모든 배움의 수단을 동원하여 몰입해 보자. 몰입하는 과정 자체가 기쁨을 가져다줄 것이며 그 과정을 통해 나의 다른 면모들을 발견하게 될 것이다. 그러다 보면 나를 사랑하기 위한 또 다른 기회의 문이 열린다. 그렇게 나를 사랑하게 될 때, 행복을 느끼고 다른 사람도 사랑할 수 있다.

이제 그 해답이 사랑이라면
나는 이 세상 모든 것들을 사랑하겠네

아무튼,
사랑

박하영

작가

박하영

그녀는 사람들의 몸뿐만 아니라 마음 또한 치료하는 열정 가득한 미녀 한의사다. 예전에는 금사빠(금새 사랑에 빠지는 사람), 연알못(연애를 알지 못하는 사람)이 었지만, 지금은 자신을 어떻게 사랑해야 하는지, 행복한 연애를 어떻게 해야 하는지 알아가고 있는 이라 자신한다.

어릴 때부터 앓아온 아토피성 피부염으로 인해 한 때 어느 누구보다 외모에 자신감이 없어 고민했었다. 거듭되는 연애 실패의 원인을 단순히 외모 탓으로 돌렸지만, 문제는 해결되지 않았다. 점점 떨어지는 자존감을 회복하고, 연애 고민을 해결하기 위해 많은 연애 관련 강연을 듣고 책을 보던 도중 문제는 '스스로를 사랑하지 못한 나'에 있다는 것을 알게 되었다. 이후로 자존감을 높이기 위해 원하던 모습의 내가 되기로 결심한다. 관심을 외부에서 나로 돌려 원하는 나의 모습은 어떤 것인지, 내가 원하는 이상적인 연인관계는 어떤 모습인지 그리게 된다. 그리고 그 모습이 되기 위해 본인에게 맞게 끊임없이 노력해왔다.

지금은 마음 속 울림에 공명하는 자신의 의지에 따라, 누구보다 즐겁게 일과 연애를 즐기고 있다. 여전히 끊임없이 스스로 원하는 모습이 되기 위해 노력하고 있는 그녀는, 한의사로서 다른 사람들 또한 좀 더 아름다워지고 원하는 모습이 되어 자신감을 찾고 스스로를 사랑하도록 돕고 있다. 모든 사람들이 자신의 매력을 발견하여 원하는 모습으로 더 행복하게 살고 아낌없이 사랑하길 바란다. 그것이 진정한 '사랑'이기에.

BLOG https://blog.naver.com/bark37
INSTAGRAM @multi_dream_catcher
E-MAIL bark37@naver.com

비슷한 패턴의 사랑이
반복되는 이유

"과거를 기억하지 않는 사람은 그것을 반복하는 사람이다."

-조지 산타야나

"어제와 똑같이 살면서 다른 미래를 기대하는 것은 정신병 초기 증세이다."

-알버트 아인슈타인

위 두 명언은 과거를 돌아보지 않고 반복하는 사람은 항상 같은 결과를 얻을 뿐이라 말한다. 어떤 일을 오랫동안 되풀이하는 과정에서 저절로 몸에 익은 행동 방식을 '습관'이라고 한다. 우리는 많은 습관을 가지고 있다. 예를 들어 약속 시각에 자주 늦는 사람은 일상의 다른 많은 부분에서도 습관적으로 늦고는 한다. 매번 약속에 늦고, 상대방에게 피해를 주고, 미안해하고, 본인도 손해를 본다. 습관을 바꾸어야 한다는 사실을 알지만, 실천하기 어렵다. 그때뿐이고, 다시 같은 패턴을 반복한다. 매번 늦은 스스로에게 실망하고, 상대방에게도 '자주 늦는 사람'이라는 인상을 남긴다. 이렇게 반복하면서도 쉽게 바뀌지 않는 한 분야가 있다. 바로 남녀관계다.

"나는 항상 연애가 힘들어요"라고 말하는 사람은 연애 패턴을 가지고 있는 경우가 많다. 상대방이 누구든 연애는 비슷하게 시작해서 결국 비슷한 문제를 겪게 된다.

21살 A양은 소위 말하는 금사빠(금방 사랑에 빠지는 사람)이다. 연애 경험이 많지 않은 그녀는 누군가 자기에게 말만 걸어도 '저 사람이 나에게 관심이 있나' 하고 생각한다. 평소 외적인 면을 중요하게 생각하는 그녀는 특히 잘생긴 사람이 말을 걸면 더더욱 심각한 착각에 빠지곤 한다. 그러나 소심해서 고백은 하지 못하고 속으로만 좋아하며 멀리서 바라보기만 한다. 그녀의 연애는 항상 상상에서 시작해서 상상으로 끝난다.

27살 B양은 '나쁜 남자'를 좋아한다. 외모가 예쁜 그녀에게는 수많은 남자가 접근하지만 그녀는 그런 남자에게는 관심이 별로 없다. 그녀는 경제력이 있으면서 자신을 리드해 줄 남자를 찾는다. 하지만 그런 남성들은 그녀 이외에 다른 여자를 또 만나거나, 그녀를 소중하게 대하지 않는 경우가 다반사다. B양은 번번이 상처를 받고 자신에게 잘해 주는 남자를 만나 볼까 생각하지만, 막상 그런 남자에게는 흥미가 잘 생기지 않는다.

30살 C양은 순해 보이는 인상을 가지고 있다. 청순한 외모와 조용한 성격의 그녀에게 반한 남성들이 다가온다. 그녀는 누군가를 먼저 좋아하는 성격이 아니라, 주로 적극적으로 구애하는 남성과 연애를 한다. 처음에는 그 적극적인 면이 멋져 보였으나 시간이 지날수록 그 남성은 그녀에게 요구하는 것이 많아진다. 그리고 리드라는 명목 하에 그녀를 자기 입맛에 맞게 바꾸려고 한다. 그 요구에 지친 그녀는 결국 그와 헤어지고 만다.

28살 직장인 D양은 적극적이고 활동적인 여성이다. 욕심이 많은 그녀는 항상 바쁘다. 일도 연애도 자기 계발도, 취미 활동도 잘하고 싶다. 불타오르는 연애를 추구하는 그녀는 연애 초반에 남자 친구와 자주 만나고 열정적으로 사랑하지만 연애 중반에 이르면 열정적인 감정은 사그라들고 바쁘고 체력이 달려서 지치고 만다. 데이트 횟수는 점점 줄어들고 남자 친구와의 관계에 소원해져 간다. 연인과의 관계에서 안정감을 얻는 그녀는 곧 우울함에 빠진다. '내가 무슨 부귀영화를 누리자고 이렇게 바쁘게 사는 걸까' 그러다 회복되지 못한 관계는 끝이 나고 만다. 그리고 이는 모든 연애에서 반복된다.

문제도, 답도 내 안에 있다

당신이 연애 때문에 고민이 많은 사람이라면 어떤 '패턴'을 반복하고 있지는 않은지 생각해 보라. 우리는 연애가 끝나면 상대방 탓을 하는 경우가 많다. "처음에는 잘해 주더니 나중에는 변하더라", "그 사람 정말 나쁜 사람이야"라고 친구들과 신나게 욕을 한다. 나에게도 어떤 문제가 있었던 것은 아닐까 생각하지만, 이내 잊어버린다. 친구들은 제발 다른 유형의 사람을 만나 보라고 조언하지만, 내 마음이 그렇게 되지 않는다. 결국 다음번 모임에서도 비슷한 문제로 인한 고민을 이야기하고 있는 자신을 발견한다.

내가 바로 위에서 제시한 직장인 D양이다. 남자 친구와의 관계에서 문제가 생길 때마다 연애에 관한 수많은 조언을 찾아보았다. 책도 읽어 보고, 인터넷에 검색도 해 보고, 유튜브에서 연애와 사랑에 대한 강연, 고민 상담들도 들어 보았다. 친구들과 이야기도 해 보았지만 힘들었던 감정만 해소될 뿐 근본적인 문제는 풀리지 않았다. 그러던 중 책을 한 권 읽게 되었는데 그 책에는 다음과 같은 글이 쓰여 있었다.

"연애 주체인 내가 바뀌지 않으면, 그 문제는 풀리지 않을 겁니다. 어떤 상대를 만나도 그 문제는 되풀이될 것입니다."

처음에는 이 문장이 이해가 가지 않았다. 나에게 그런 행동을 한 그놈이 나쁜 놈이 아니라 내가 잘못된 거라니, 받아들일 수 없었다. 그런데 몇 번의 연애를 거치면서 깨달았다. 어떤 사람을 만나든 나는 비슷한 상황으로 문제가 생겼다. 그리고 친구들의 연애 상담을 해 주면서 그녀들에게도 똑같은 상황이 반복되고 있다는 것을 깨달았다. 우리는 매번 서로 비슷한 푸념을 털어놓고, 또 같은 조언을 하고 있었다.

그렇다면 이제는 상대방이 아니라 나를 돌아봐야 한다. 왜 나에게 이런 일들이 반복되는지. 왜 나는 계속 비슷한 유형의 남자를 만나는지. 운이 없어서 나에게 그런 상황이 벌어지는 것이 아니다. 힘든 상처를 가지고 있을수록 처절하게 나의 지난 과거를 돌아보고 분석해야 한다. 그래야 지금까지 겪어 온 문제를 풀 수 있다. 문제를 풀 수 있는 열쇠는 나에게 있다. 이제 그 문제를 한번 분해해 보자.

스스로를
사랑하지 못한 나

고등학교에 진학하기 전 중학교 3학년 겨울이었다. 나는 처음으로 남자에게 사랑고백을 받았다. 학원에서 같이 공부하던 친구가 나에게 좋아한다고 했다. 나도 그 친구를 좋아했지만 우리는 이어지지 못했다. 부끄러움이 많고, 자존감이 낮았던 나는 '왜 걔가 이런 나를 좋아할까?'라고 생각했다. 차마 사귀자고 얘기할 수가 없어 그와 연애를 할 수 없는 온갖 이유를 만들었다. 그렇게 두 달간 문자만 주고받다 우리의 사이는 끝이 났다.

대학교 1학년 때 첫 남자 친구 A를 사귀었다. 그는 자타공인 훈남이었다. 처음부터 그의 외모에 끌린 것은 아니었다. 어쩌다 보니 그가 궁금해졌고, 연락하는 과정에서 그를 좋아하게 되었다. 전에 좋아했던 사람을 소심한 성격 탓에 놓친 나는 적극적으로 그에게 대시했고, 우리는 연애를 시작했다. 사실 꼭 내가 적극적으로 행동해서 사귄 것은 아니었지만, 내 머릿속에는 '내가 그를 더 좋아한다. 나는 그보다 외모가 뛰어나지 않다'라는 생각이 자리 잡고 있었다. 처음 연애를 해 보았던 나는 서툴렀고, 조급했고, 그를 많이 좋아했다. 연애 무게의 추는 점점 그에 기울어져 갔다. 원래도 연락에 답을 잘하는 사람이 아니었지만, 점점 그 뜸한 횟수마저 줄었고, 우리는 헤어지게 되었다. 헤어지고 나서도 나는 그를 꽤 오랫동안 좋아했고, 잊지 못했다. 그는 나와 헤어지고 오래 지나지 않아 새 여자 친구를 사귀었다. 그녀는 정말 빼어난 미모의 소유자였다. 나는 그의 마음이 멀어진 이유를 나의 외모 탓으로 돌렸다.

'내가 좀 더 예뻤다면 우리의 관계는 좀 더 오래 유지될 수 있었을까?'

그와 헤어지고 나서 꽤 오랜 연애 공백기가 있었다. 남자들이 길에서 핸드폰 번호를 물어볼 정도로 인기 많은 친구들이 부러웠다. '나는 그 친구들만큼 예쁘지 않기 때문에 아무것도 없는 걸까? 남자 친구는 사귀고 싶은데 어떻게 해야 할까?' 몇몇 마음이 간 사람도 있었지만, 적극적으로 관심을 드러냈다가 헤어진 경험 탓에 굉장히 조심스러웠고, 잘 표현하지 못했다. 나름대로 화장법을 익히고, 머리 모양도 바꿔 보고, 옷 스타일도 바꿔 가며 여러 모임에 참석해 봤지만 내 연애 전선에 큰 변화는 없었다. 힘들었지만, 한 번 맛본 연애의 맛은 달콤했고, 나는 외로웠다.

나의 두 번째 연애

그러다 두 번째 남자 친구 B가 생겼다. 그는 나의 가장 친한 친구였다. 그는 솔직히 내 스타일은 아니었다. 하지만 내가 싫다는 의사 표현을 하고 굉장히 피해 다녔는데도 6개월이 지나도록 한결같이 나를 바라봐 주는 것을 보고 '그래도 이 친구는 나에게 상처를 주지는 않겠구나. 먼저 나를 버리지는 않겠구나'라고 생각했다. 외로움도 그 결정에 한몫했다. 그렇게 나의 두 번째 연애가 시작되었다. 그와는 꽤 오랜 기간 만났다. 그는 나에게 잘해 줬다. 그와 연애하면서 연인이 해 주었으면 하고 바랐던 많은 일을 경험했다. 그는 매일 집 앞까지 데려다주었고, 시험 기간 중에 있었던 기념일에 깜짝 이벤트도 해 줬고, 생일 때 케이크도 만들어 줬고, 때로는 밥도 차려 주었다. 그러나 그를 만나면서는 A와는 다른 면에서 힘들었다.

B는 나에게 이런 말을 자주 했다.

"나니까 너 만나는 거야. 너 같은 여자 감당할 남자 많지 않아."

안 그래도 자존감이 낮고, 연애 공백기가 길어 고민이 많았던 나는 이 말에 큰 충격을 받았다. '도대체 그게 무슨 말일까, 내가 너무 활동적이라 남자 친구가 잘 안 생긴다는 말인가? 그러면 남자 친구가 생기려면 순종적이고 조용해야 하나?'

'요즘 남자들은 적극적인 여자를 좋아한다는데, 막상 적극적으로 하면 흥미를 잃는 것 같고, 도대체 어쩌란 말인가?'

B와 연애를 하면서 내가 애교가 많고 스킨십을 좋아한다는 것을 알았다. A와 연애를 할 때는 좋아하기만 했지, 표현하는 게 쑥스러워서 애교를 부리거나 사랑을 표현하지는 못했다. 오히려 진짜 상대방을 좋아한다면 모든 것을 이해해 줘야 한다는 생각에 나보다 나이가 많은 그를 어설프게 감싸려고 했다. 상대적으로 대할 때 마음이 편하고 내 모습을 많이 알고 있는 B에게는 나의 감정을 많이 표현했다. 나는 산만했고, 에너지가 넘쳤다. 나는 그와 함께 있어 기분이 좋으면 흥얼거

리며 방방 뛰었다. 그리고 그는 나의 그런 모습을 싫어했다. 그는 나에게 "제발 좀 가만히 있으면 안 돼?"라는 말을 자주 했다. 그때는 서로 사랑의 표현방식이 다르다는 걸 잘 몰랐고, 내가 사랑을 표현하는 것을 그가 싫어한다고 생각했다.

도대체 뭐가 문제야?

나는 욕심이 많았다. 끊임없이 일을 벌였다. 동시에 여러 가지 일을 하는 경우가 대다수였고, 항상 많은 일 때문에, 체력이 달리거나 일을 마무리 짓지 못해서 힘들어했다. 그는 나의 그런 모습 또한 좋아하지 않았고, 내가 새로운 일을 하려고 할 때 나를 가로막았다. 그도 욕심이 많은 사람이었다. 나는 개인 활동이 많고, 연인도 있으니 친구 관계에 소홀해졌지만, 일 욕심이 많은 그는 다른 인간관계도 놓치지 않으려고 했다. 우리는 같은 과 동기였음에도 불구하고 겨우 일주일에 한 번 정도 데이트할 수 있었다. 서로 너무 바빴고 시간이 안 맞았다. 하지만 그는 그 한 번 있는 데이트 날에도 나를 만난 이후에 친구들과의 약속을 잡아 놓기 일쑤였고, 나는 그 부분이 굉장히 서운했다. 그가 욕심쟁이처럼 느껴졌다.

수업 중간중간 공강 시간에도 나는 그와 함께 있고 싶었으나 그는 다른 일을 하거나 다른 친구들을 만났다. 하지만 나는 그 서운함을 그에게 표현하지 못했다. 나 또한 욕심이 많고 활동적이었기에 그 부분을 이해해 줘야 한다고 생각했다. A와 연애할 때와 마찬가지로 나는 어설프게 이해심이 넓은 척 했다. 그러나 내 마음은 타들어 가고 있었고, 한동안은 거의 우울증 환자처럼 집에만 들어가면 아무것도 못 하고 계속 울었다. 그때 그에게 내 감정을 말하고 문제를 해결하든 관계의 끝맺음을 짓든 해야 했다. 그러나 우리는 지지부진 관계를 이어 나갔고, 서로 바쁘고 지치고 소홀해져 점점 멀어졌다. 하지만 그에게 헤어지자고 하지는 못했다. '나를 잘 알고, 내 정말 추한 모습을 보고도 날 좋다고 했던 친구도 결국에는 이렇게 소홀해지는데, 이 사람과 헤어진 이후에 또 다른 사람을 만날 수 있을까?' 하고 걱정했다. 그러다 결국 그 친구가 테이프를 끊었고 우리는 헤어졌다.

'내 성격에 정말 문제가 있는 것은 아닐까?'
'나는 정말 남자들이 감당하기 힘든 여자인가?'
'여성적 매력이 별로 없나?'
'도대체 뭐가 문제야?'

B와 헤어지고 나서 나는 정말 많은 고민을 했다. 그와 헤어지면서 마음은 홀가분했으나 머리는 복잡했다. 자존감은

그를 만나기 전보다 오히려 더 낮아져 있었다. 그리고 B는 내가 '예뻐서' 좋다고 했지만, 그와 사귀고 헤어진 다음에도 나는 스스로를 예쁘지 않다고 생각하고 있었다. 나는 나를 사랑하지 않았고, 나를 의심했고, 나를 존중하지 못했다. 자존감, 연애, 사랑에 관한 수많은 책을 읽고, 강연을 들었다. 그 책에서는 하나같이 같은 소리를 했다.

"다른 사람을 진정으로 사랑하려면 나를 먼저 사랑해야 합니다. 나를 사랑하지 않는 사람은 누구도 사랑할 수 없습니다. 스스로를 존중하고 아껴 주세요."

나를 사랑한다는 건 무슨 말일까, 어떻게 해야 나를 사랑할 수 있을까?

누구보다 소중한 '나'를 사랑할 준비

두 번의 연애에서 확실히 깨달은 점은 '나는 생각보다 이해심이 넓지 않다는 것'이었다. 가끔 상상 속에 그려 본 멋지고 연애 잘하는 나는 남자 친구의 일, 사회생활을 존중해 주는 배려심 많은 여자였지만, 현실의 나는 쿨한 척하지만 전혀 그렇지 못한 사람이었다. 괜히 마음 넓은 척하다가 속만 태우고 마는, 그래서 너무 힘들어하는 사람이었다. 남자 친구를 사랑한다면 나보다 그를 먼저 위해야 한다고 생각했다. 그러나 그것은 착각이었다. 나는 나를 우선하고 존중해 주어야 한다. 그래야 나를 존중해 주는 사람을 만날 수 있다. 나도 나를 챙기지 않는데 누가 나를 소중히 대해 주겠는가.

A와의 연애에서 연락이 잘 되지 않아 괴로웠을 때 그에게 연락을 잘해 달라고 얘기했어야 했다. 헤어질까 봐 말하지 못했고 결국 제풀에 지쳐 이별했다. B와 연애하면서 우울증이 오려고 했을 때, 그가 아니라 나를 배려했어야 했다. 그에게 그 상황이 너무 힘들다고, 나와 좀 더 오랜 시간을 함께하자고 얘기했어야 했다. 그러나 어설픈 배려로 나 혼자 힘들어했고, 곧 사이가 멀어져 헤어졌다.

더 가까운 사이가 되려고, 내가 더 행복하라고 이야기하지 않은 건데 결국은 사이도 멀어지고 나도 행복하지 않았다. 그리고 결심했다. 다음번 연애에서는 힘든 점을 다 이야기하리라. 사이가 멀어질 것이 두려워 혼자 속 끓이느니 함께 문제를 풀어나가리라. 그보다 나를 더 사랑하리라.

어찌됐건,
나를 사랑해야 합니다

대학 졸업 후 소개팅으로 세 번째 남자 친구 C를 만났다. 나보다 4살 연상이었는데, 그는 이전에 만났던 남자들과는 달랐다. 그는 두 번째 남자 친구 B가 싫어했던 나의 모든 모습을 좋아했고, 귀여워했다. 그제야 깨달았다. 내 성향이 잘못된 것이 아니라, 단지 B와 내가 맞지 않았음을. 내가 이상한 사람이 아니라는 사실에 큰 안도감을 느꼈다.

그를 처음 만날 때 나는 '내 활동을 존중해 주어야 만날 수 있다'라는 점을 강조했다. 다행히 그는 내가 하는 활동들을 존중해 주었다. 연애 초반에 나는 시간이 많았다. 우리는 꽤 자주 만났고, 많은 대화를 나누었다. 내가 아빠에게 '남자 친구랑 대화가 잘되는 것 같아'라고 이야기하자 아빠는 "남자 친구가 네 이야기를 잘 들어주는 것 같은데?" 하고 말씀하셨다. 나는 "그런가" 하고 대답했다. 그때는 잘 몰랐다. 다만 이전의 남자 친구들과는 대화가 잘되지 않아 힘들었는데 소통이 잘되는 것 같아 기뻤다.

시간이 좀 지나고 나는 이직을 하게 되었다. 일은 많아지고, 스트레스도 엄청나 피곤하고, 힘들었다. 그 당시의 나는 하고 싶은 일이 정말 많았다. 대학교를 졸업한 지 2년 차였는데, 지방에서 수도권으로 올라와 아직은 경험하고 싶은 것이 많았고, 이직 후 스트레스로 그 욕구가 극에 달했다. 전년부터 하던 동호회 활동도 늘리고 싶고, 미술관도 가고 싶고, 각종 페스티벌도 가고 싶고, 뮤지컬도 보고 싶고, 서핑도 하고 싶고, 그림도 그리고 싶었다. 남자 친구와 그런 활동을 함께하고 싶었으나 상황이 여의치 않았다. 나는 혼자서라도 하고 싶은 활동을 하러 다녔다. 전보다 일이 많아지면서 지쳐 쉴 시간은 더 필요했고, 동호회 활동에, 개인적으로 하고 싶은 활동에, 연애까지 하려고 하니 시간도 없고 너무 힘들었다. 남자 친구와의 연애에서 얻는 만족감보다 혼자 즐기는 활동에서 얻는 만족감이 점점 더 커졌고, 그러면서도 외로움도 커졌다. '왜 나는 남자 친구가 있는데 이런 활동들을 다 혼자 하러 다녀야 하는 걸까?' 그렇게 그와의 관계는 멀어졌고 얼마 못 가우리는 헤어졌다.

C와 연애를 하면서 깨달은 점이 있다. 내 모습을 있는 그대로 좋아해 주는 사람이 있다는 것. 그리고 그런 사람을 만나야 행복하다는 것. 나는 나보다 나이가 최소 세 살 이상은 많고, 나를 존중해 주고 사랑해 주는 마음 따뜻한 사람을 만나야 한다는 것. 그리고 내가 바쁘기 때문에 나한테 맞춰 줄 수 있는 여유 있는 사람을 만나야 한다는 것. 그리고 내가 하는 활동 중에 같이 할 수 있는 활동이 있어야 한다는 것. 그리고 나한테 맞춰 주면서도 끌려다니지 않는 소신 있는 사람이어야 한다는 것.

나는 배울 점이나 존경할 부분이 있는 남자에게 매력을 느끼는 사람이었다. 거듭 연애를 하면서 나는 '나'에 대해 알아 가고 있었다. 내가 어떤 것을 좋아하는 사람인지. 어떤 부분에서 이성의 매력을 느끼는지. 남자를 만날 때 있어 나에게 중요한 것은 무엇인지. 나는 어떤 연애 스타일을 추구하는지.

'그녀'와 나는 다르다

사람은 연애하고 결혼도 하고 아이도 낳으면서 성장한다고 했다. 연애는 누군가와 깊은 인연을 맺으면서 서로에 대해 알아 가는 과정이다. 연애를 하다 보면 서로의 성장 과정, 가치관, 행동 방식까지 속속들이 알게 된다. 나와 다른 부분을 보면서 '모든 사람이 나와 같지 않다'라는 사실을 깨닫는다. 연인과 부딪치고 문제를 겪으면서 나의 생각이나 행동을 한 번 더 돌아보게 된다. 결국 내가 어떤 사람인지, 어떤 가치를 추구하는 사람인지 더 잘 알게 된다. 연애하면서 인간은 성장한다.

처음에는 자존감이 너무 낮아 외부에 있던 시선이 점점 나에게 돌아오기 시작했다. 전에는 **'무슨 옷을 입어야 그가 좋아할까'**였다면, '나는 무슨 옷을 입어야 잘 어울릴까, 더 빛날까'로 질문이 바뀌게 되었다. **'어떻게 해야 남들이 나를 좋아할까'**라고 생각했던 것이 **'나는 어떤 모습의 내가 되기를 바라는가'**로 바뀌었다. **'저 사람은 너무 예쁜데, 나는 안 예쁘네'**라는 생각이 **'저 사람은 저런 체형이니까 저런 옷이 어울리는데, 나는 이런 체형이니 다른 옷이 더 어울리는구나'**로 바뀌었다. 나는 나에게 더욱 관심을 가지고 예쁜 사람들을 부러워하는 것에 그치지 않고, 원하는 모습으로 나를 바꿔 갔다. 나에게 맞도록.

생각해 보면, 나는 한가인이나 김태희처럼 빼어난 미인이 되고 싶었던 것이 아니다. 내가 아무리 예뻐져도 그들처럼 되기는 솔직히 힘들다. 다만, 내 매력을 유지하는 선에서 최고로 예쁘고 싶은 것이었다.

퍼스널 컬러 진단도 받고, 나에게 맞는 메이크업도 배우러 다녔다. 이런저런 옷들을 입어 보며 내 체형을 연구해서 어울리는 스타일의 옷을 찾아 나갔다. 다이어트도 했다. 나는 점점 예뻐졌다. 이에 따라 무너졌던 자존감도 회복됐다. 내가 점점 더 좋아졌다. 사실 어릴 적 나는 친구들을 많이 질투했다. 끊임없이 그녀들과 나를 비교했다. 친구에게 좋은 일이 있으면 축하하면서도, 온전하게 함께 기뻐하지는 못했다. 하지만 나의 매력을 알고, 나를 사랑하게 된 지금은 친구의 감정에 진심으로 공감할 수 있다. 내가 가지고 있지 못한 점을 보면 부럽지 않은 것은 아니지만, 이제는 나만의 장점과 매력을 알고, 그녀와 나는 다르다는 것을 알고 있다.

'나'를 사랑하고, 사랑하는 사람이 있는 지금

그러는 와중에 지금의 남자 친구를 만나게 되었다. 사실 그는 나를 굉장히 혼란스럽게 하는 사람이었다. 그는 만나 보지 않은 유형의 사람이었고, 지금까지 만난 사람 중에 내가 싫어하는 점을 가장 많이 가지고 있는 사람이었다. 정말 오랜만에 마음이 간 사람이었으나 만나야 할지 말아야 할지 고민이 되었다. 그때 우연히 정신과 전문의인 유은정 작가의 책 『혼자 잘해 주고 상처받지 마라』를 읽게 되었는데, '심장이 면

저 반응하는 사람 VS 머리가 먼저 반응하는 사람'이라는 제목의 글에 이런 구절이 나왔다.

"연애에 서툴수록 연애를 결혼의 선행 활동으로만 여기는 경향이 있다. …중략… 연애 상대를 배우자감 고르듯 신중을 기하는 사람이 많아지고 있다. 직업뿐만 아니라 연애마저도 안정 지향적인 성향이 두드러지는 것이다. 자신이 이런 유형이라면 '꼭 커플이 되지 않아도 좋아. 좋은 사람을 알아 두는 건 나쁘지 않으니까'라는 생각으로 이성을 대하는 마음을 안정시키길 바란다. 사심이 깊으면 몸과 마음이 무거워지는 법이다. 매력은 자신이 편안한 상태일 때 발산되며, 상대 역시 이런 모습에서 매력을 느낀다.

한창 연애할 나이에 결혼을 목표로 이성과 만나면 '미스 매칭의 비극'이 일어난다. 상대의 조건만큼이나 중요한 게 외모나 매력이기 때문이다. 30대 초중반 여성들도 입으로는 결혼을 원한다고 하면서도 정작 좋아하는 남자는 강동원이나 조인성처럼 키 크고 잘생긴 남자들이다. 이것이 바로 미스 매칭의 비극이다. 혹시 지금 미스 매칭의 비극을 저지르고 있는 건 아닌지 스스로에게 물어보라. 자문 결과 매력적인 남자와 데이트하고 싶다는 결론이 나오면 그때는 심장이 반한 남자를 택해야 한다. 반대로 '배우자를 원한다'는 답이 나오면 그땐 확 끌리지 않아도 이 정도라면 함께 살아도 괜찮겠다는 남자를 선택하면 된다."

　그렇다. 그는 내 심장이 반한 남자였고 나는 그를 원하고 있었다. 싫어하는 부분이 많은 사람이었지만, 나는 더 늦기 전에 그 모험에 뛰어들어 보기로 했다. 막상 뛰어들고 보니, 그는 내 생각과는 달리 굉장히 따뜻한 사람이었고, 나를 아껴주고 사랑해 주었다. 내가 싫어했던 많은 부분이 연애할 때는 크게 문제가 되지 않았다. 사소한 의견 차이라도 이해심 많은 척 넘어가지 않고 그와 소통해 해결한다. 서로의 영역을 존중하며 우리는 지금 잘 만나고 있다. 때로는 전처럼 너무 바빠져서 관계에 소홀해지지 않을까 주의하며, 이전의 연애에서 겪었던 문제들을 반복하지 않으려 노력하고 있다. 나를 사랑하고, 사랑하는 사람이 있는 지금 나는 행복하다.

사랑에
외모가 중요해?

이전에 일했던 한의원은 통증을 치료하는 일반 동네 한의원이라 미용 시술을 문의하는 사람이 많지 않았는데 간혹 물어보는 사람들이 모두 예쁜 사람들이었다. 굉장히 의아했다.

'왜 예쁜 사람들이 더 미용에 관심이 많을까?'

그 한의원에서 근무할 때 한동안 주말 뮤지컬반에 다녔다. 그때 발성 선생님으로부터 그 이유를 알게 되었다. 솔직히 나는 그 선생님이 워낙 예뻐서 전혀 관리를 안 할 줄 알았다. 한마디로 '원래부터 예쁘니까 별로 신경 안 쓰는 줄' 알았는데, 오히려 나보다도 더 외모에 관심이 많았고 꾸준히 관리도 하고 있었다. 그때 깨달았다. '아, 예쁜 사람들도 관리를 하는구나, 물론 원래 타고난 것도 있지만, 그들도 자신을 가꾸기 위해 많은 노력을 하는구나.' 네이버에 야옹이 작가의 〈여신강림〉이라는 웹툰이 있다. 등장인물 중에 굉장히 잘록한 허리에 예쁜 골반과 힙라인을 자랑하는 강수진이라는 캐릭터가 있는데 어느 날 주인공인 주경이 그녀에게 묻는다.

"아, 수진아. 너 몸매 타고난 거…겠지?! 너도 다이어트 같은 거 막 하고 그래?"
"응! 나도 매일 다이어트하지~ 타고나도 운동 안 하면 소용없어."
"우와~ 운동도 해? 무슨 운동?"
"음, 스쿼트 200개 정도? 매일 하는 거 같아ㅎㅎ 요가도 하고 수영도 하고ㅎㅎ 할 수 있는 건 다 하는 편이야."
"2…200개나?! 와… 역시 그 몸매는 그냥 만들어지는 게 아니구나…."

사실 이 대사를 보면서 내가 다 뜨끔했다. 요즘 SNS를 보면 정말 예쁜 몸매의 여성들이 많다. 그들을 질투하고 부러워하기만 했는데, 그들도 그런 몸매를 유지하기 위해 그만큼의 노력을 하고 있었던 것이다.

사랑을 처방합니다 : '나'답게 사랑하세요

　요즘 유튜브에 자존감과 관련된 많은 글과 강연이 올라온다. 하나같이 '있는 그대로의 나를 사랑하세요', '나는 소중한 사람입니다'라는 메시지를 전한다. 내가 소중한 사람이라는 것은 정말 당연한 말이다. 그러나 아무리 다른 사람이 그런 말을 해도, 내가 스스로를 사랑할 수 없다면 솔직히 받아들이기 어렵다. 내가 아무리 나를 사랑하려고 해도 현실에서 부딪치는 문제들에 금세 자신감을 잃기 쉽기 때문이다. 나는 특히 외모에 자신이 없고, 그로 인해 자존감이 떨어진 사람들에게 권하고 싶다. 지금 있는 그대로의 나를 사랑할 수 없다면, 스스로 원하는 모습의 나로 변화하라고 말이다.

　나도 외모에 고민이 많았고, 지금도 고민되는 부분이 있어 끊임없이 노력하는 중이다. 계속 노력하다 보면, 정말로 바뀐다. 정말로 자신을 사랑한다면 스스로에게 투자해야 한다. 관심을 타인에게서 나에게로 돌려야 한다. 내 피부 톤이 어떤지, 어떤 화장이 어울리는지 끊임없이 연구하고 시도해 보라. 여유가 된다면 전문가에게 진단받고 배우는 것이 가장 쉽고 빠르다. 나의 경우에는 피부 톤이 어두운 편이어서 당연히 웜톤일 것이라 생각해 여태 립스틱도 코랄 계열을 발랐다. 핑크 계열은 왠지 너무 러블리해 보여서 나와 어울릴 것 같지 않다는 생각에 시도도 해 보지 않았다. 그런데 진단을 받아 보니 나는 겨울 쿨톤이었고, 그중에서도 가장 어두운색 계열이 잘 어울리는 사람이었다. 이후로는 화장품도 핑크 계열로 바꾸고, 옷 색깔을 고를 때도 같은 색이라도 채도가 낮거나 혹은 흰색이 많이 섞인 옷을 고르는 편이다.

체중이 고민이라면 다이어트를 해 보자. 혼자 열심히 했는데도 안 된다면 전문가의 도움을 받자. 그들은 약으로 식욕을 조절할 수 있게 도와주고 대사순환을 원활하게 해 주어 건강하고 덜 힘들게 체중감량을 할 수 있도록 도와줄 것이다. 하체 비만이 고민이라면 골반에 불균형이 있을 확률이 높으므로 골반 교정을 받거나 운동을 해 보자. 체형은 노력을 통해 분명히 바뀔 수 있다. 체중이 감소하면 몸도 가벼워지고, 자신감은 덤으로 따라온다. 체중이 감소하면 가장 좋은 점은 쇼핑이 즐거워진다는 점이다. 거울로 내 모습을 바라보며 즐거워하고 싶지 않은가?

그다음에는 내 체형을 분석하고 여러 가지 스타일을 시도해 보자. 단지 모델이 예뻐서 나에겐 안 어울리는 옷이 그에겐 잘 어울리는 것이 아니다. 사람마다 체형이 다르고 어울리는 옷이 다르다. 내 체형을 파악하여 장점을 부각하는 옷을 입어야 한다. 예를 들어 나의 경우에는 어깨가 넓고, 어깨와 골반의 너비가 비슷한 모래시계 체형이다. 골반이 그렇게 넓은 편이 아니기에 허리가 날씬해야 라인이 살고 예뻐 보인다. 그걸 알고 난 뒤로부터 나는 내 허리 라인에 신경을 많이 쓰고, 옷도 허리가 강조된 의상을 많이 입는다. 입고 싶은 옷이 있다면 마음껏 입어 보자. 주저하지 않고 변화를 시도하다 보면 예상외로 나에게 어울리는 스타일을 찾을 수도 있다. 실패는 동반자라고 생각하자. 실패가 두려워 시도조차 안 한다면 절대 성공할 수 없다.

외모에 대한 자신감을 찾았다면, 내가 좋아하는 활동을 해 보자. 사람마다 그 사람 고유의 분위기가 있다. 그 분위기를 우리는 '매력'이라 부른다. 매력은 자신이 좋아하는 활동을 할 때 형성된다. 남과 다르다고 망설일 필요 없다. 그 사람과 다른 점이 당신의 매력이다.

이전 직장에서 퇴사를 하고 탈색을 했다. 나에게는 큰 시도였다. 전부터 해 보고 싶었는데 남들의 시선이 신경 쓰여 하지 못했다. 그렇게 탈색 머리를 하고, 입고 싶은 옷을 입고, 예전부터 가고 싶었던 영국으로 혼자 여행을 갔다. 외국이었고,

남자 친구도 있었기에 주변에 잘 보이려 노력도 하지 않았고, 하고 싶은 대로 했다.

한인 민박에 머무르며 낮에는 주로 미술관이나 박물관을 돌아다녔고, 저녁에는 뮤지컬을 봤다. 걷다가 좋은 카페가 있으면 들어갔고, 그림을 그리고 싶으면 그림을 그리고, 글을 쓰고 싶으면 글을 썼다. 그곳엔 내가 원하던 모습의 내가 있었다. 그래서인지 몰라도 여행 중에 만난 사람들에게 뜻밖의 이야기를 들었다. 잘 모르는 사람들이 봤을 때 나의 모습이 '예술'과 관련된 일에 종사하는 사람으로 보였다는 것이다. 특별히 많은 대화를 나누지 않았는데도 그런 분위기가 느껴졌다고 한다. 나는 그 사실이 좋았다. 여행 중에 책에 들어갈 삽화를 의뢰하고 싶다는 제안도 받았다. 그림을 잘 그리는 것도, 많이 그리는 것도 아니었는데, 그분은 왜 나에게 그런 부탁을 했을까? 나중에 한국에 와서 물어보니 그냥 느낌이 왔다고 한다.

사람은 자기가 좋아하는 활동을 할 때 즐겁고 행복하다. 그때 비로소 자신이 원하는 모습으로 살게 되고 그 모습을 사랑하게 된다. 그러다 보면 자연스럽게 그 매력에 끌린 나에게 맞는 누군가가 찾아오지 않을까 생각한다. 우리는 공명하며 살아간다. 각자의 주파수에 맞게 진동하고 있고, 그 울림에 더 강하게 반응하는 사람들끼리 연애를 한다. 지금 누군가에게 큰 상처를 받아 힘들어하고 있다면, 최대한 많이 슬퍼하고 스스로를 위로하라. 그리고 툭툭 털고 일어나 지난 과거를 돌아보고 철저하게 분석해 보자. 혹시 내가 억지로 그에게 맞춰 준 것은 아닌지, 내가 나를 충분히 아껴 주었는지. 나는 어떤 연애를 했는지. 과거의 모습에서 나를 사랑하지 못한 나를 발견했다면, 이제는 나를 사랑하면 된다. 노력하다 보면 나의 울림이 바뀔 것이고, 언젠가 그 울림에 맞는 사람과 함께하게 될 것이다. 이 책을 읽는 모두가 더 나다운 사랑을 하길 바라며 이 글을 마친다.

이제 그 해답이 사랑이라면
나는 이 세상 모든 것들을 사랑하겠네

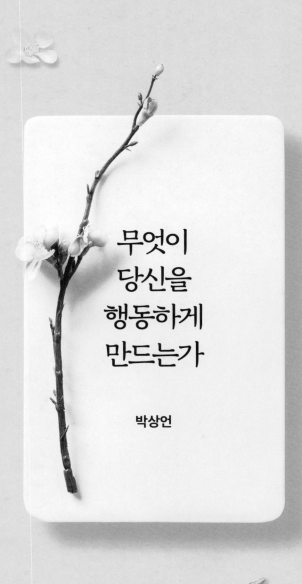

무엇이
당신을
행동하게
만드는가

박상언

작가

박상언

우즈베키스탄에서 한국어 교육자로서 그야말로 전설과 같은 기록을 세웠다. 토픽 (TOPIK:한국어능력시험)반 학생 37명 전원을 서울대, 연세대, 서강대, 이화여대, 고려대 등 주요 명문대학의 대학원에 진학시키고, GS 건설, 현대건설, 아시아나항공, 한국 산업인력공단, 한국대사관 등 한국에서 손꼽는 회사에, 우즈베키스탄 청년들이 취업하는 데 결정적인 역할을 하였다. 또한 한국에 보내지 않고 단지 한국어 수업만으로 토픽의 최고 등급인 6급에 합격시키면서, 일명 '기적을 몰고 오는 사나이(미라클 박)'이라는 닉네임을 얻었다.

많은 학생들을 성공으로 이끌면서 실력을 검증받은 그는, 우즈베키스탄을 시작으로 하여, 중앙아시아 전 지역과 러시아 진출을 앞둔 스타트 기업의 '해외시장개척단'을 이끌고 있다. 신생 기업에게는 신흥시장개척의 발판을 마련해주고, 중견기업을 위해서는 '틈새시장 개척'을 위한 깨알 같은 노하우를 쏟아내고 있다.

'또라이만이 살아남는다.'는 각오로, 매사에 최선을 다하며 백만 달러짜리 열정을 선보이고 있는 그는, 기관, 기업, 대학 등에서 쇄도하는 특강요청으로 또 한 번의 기적을 만들어내고 있다.

"또라이라고 불리는 당신에게 성공은, 단지 시간문제일 뿐이다."

FACEBOOK https://www.facebook.com/eventsmile13
INSTAGRAM @miracle_ts
E-MAIL ps2000@naver.com

qish[크쉬] (겨울),
달짝지근하고 짭조름한
눈물을 흘린 적이 있습니까?

"선생님, 수업 중이신가요?"

수업 중에는 보통 전화를 하지 않는데, 그날은 이상하게도
전화벨이 연이어 울렸다.

"네, 무슨 일이시죠?"

보통 주말에는 한국 영화를 본다. 한 주 중에 학생들이 가
장 좋아하는 시간이다. 영화를 본 후에 감상문을 쓰거나 토
론을 하는 수업인데 학생들 처지에서는 수업이라기보다 거의
'쉬는 시간'이나 다름없다.

영화는 한국어 센터에 비치된 DVD 중에서 고른다. 기왕이면 최신 작품이면 좋고 한국어 학습에 도움이 되는 내용에다가 재미까지 더해지면 금상첨화다. 신중하게 DVD 목록을 살펴보던 중에, 우즈베키스탄을 소재로 한 영화 제목이 눈에 들어왔다. 이름하여 〈나의 결혼 원정기〉이다. 한국의 농촌 총각들이 결혼 상대자를 찾아 우즈베키스탄까지 와서 벌이는 일화를 담고 있는 영화이자, 한국의 유명 배우 정재영, 유준상, 수애 등이 출연했음에도 덜 알려진 희귀작이다.

그날따라 날씨가 너무도 화창했다. 드디어 영화가 시작되었고, 타슈켄트의 주요 건물과 간판들이 스크린에 등장했다. 월드컵 축구를 방불케 하는 학생들의 함성이 터져 나왔다. 역시 한국 영화는 한국어 수업에 '딱' 맞는 콘텐츠임이 틀림없다. 재미있는 영화를 보고 나서 줄거리와 인물에 관해 토론도 하고 감상문 쓰기도 하면 자연스럽게 한국의 문화를 느끼고 '말하기, 듣기, 읽기, 쓰기'의 네 가지 영역을 동시에 소화할 수 있게 되는 종합 선물 세트인 셈이다.

영화는 신붓감을 찾아 타슈켄트로 온 한국의 시골 노총각이 두 나라의 언어와 문화 차이로 인해 겪게 되는 사건들을 담아냈다. 그렇게 1교시가 끝나 갈 무렵이었다. 학교 측 관계

자가 급하게 연락을 해 왔다. 어지간해서는 수업 중에 찾아오지 않는데, 무언가 심상치 않은 분위기였다.

정치, 종교색을 띠는 발언을 조심해야 한다는 수시로 받아 온 교육 내용이 떠올랐다. 현지에서는 우리 상식으로는 이해 못 할 일이 많이 생긴다지만 영화 DVD도 현지 사무소의 검열을 통과한 '청소년 관람가'였으므로 문제 될 소지는 전혀 없었다. 별일 아닐 거로 생각했다. 그래서 더욱 이상한 예감이 들었다.

첫 번째 슬럼프, 불쑥 찾아온 고통

다음 날, 심각한 분위기 속에 면담이 시작되었다.

"박 선생님, 수업 시간에 무슨 일 있었나요?"

면담이 아니라 거의 조사 수준이었다.

"별일 없었는데요."

사건의 발단은 다음과 같았다. 한국어 능력 시험(TOPIK)

대비반 입성에 실패한 한 학생이 학부장을 찾아가 일종의 '불만'을 호소한 것이었다. 토픽반은 철저히 사전 면접을 거친 학생만 등록할 수 있었다. 한국어에 대한 기본기가 있어야 면접에 참여할 수 있었기에 기준점에 못 미친 일부 학생은 울분을 터뜨리기도 했다. 그중 몇몇 학생들의 '불만 사항'을 모아 투서를 한 것이었다. 다시 말해 '왜 나를 떨어뜨렸냐'는 불만을 표현한 것이다. 영화의 한 장면을 트집 잡아 토픽반 수업에 제동을 걸겠다는 의도였다. 영화에 클럽에서 춤추는 장면이 있었다. 우리 눈에는 '청소년 관람가'이지만, 보수적인 이슬람 사회의 시각으로 보면 상상조차 할 수 없는 일이었다.

'부적절한 교육 활동'

현지 직원이 번역한 공문서에는 위와 같이 적혀 있었다. 현지 교육부와 외교부를 거쳐 한국 측에 '비자 연장 거부'를 요청했다는 사실도 알게 되었다. 입장이 매우 난감했다. 그런데 더더욱 어이가 없는 것은 두 기관에서 현지 학생의 일방적인 주장을 그대로 수용했다는 것이다. 이에 대한 적절한 조사나 검증은 건너뛴 채, '부적절한 교육 활동'으로 낙인찍은 것이다.

2002년에 개봉한 임창정, 하지원 주연의 〈색즉시공〉이라는 영화는 우즈베키스탄에서 '한국 포르노'로 통한다는 말을 들은 적이 있다.

두 나라의 문화 차이 때문에 생긴 일이다. 현지 문화를 존중하는 차원에서 이해한다고 하더라도, '부적절한 교육 활동'이라는 꼬리표는 지나친 것이었다. 주말을 반납하면서 추가 수업을 하던 중에 생긴 일이라 더욱 황당했다. 추가로 수업을 한다고 해서 나에게 어떤 혜택이 있는 것도 아니다. 추가로 수당을 지급하는 것도 아닌 데다가, 오히려 30~40명분의 간식 비용을 자비로 충당해야만 했다. 더운 강의실에 에어컨이 없어 설치 비용을 '십시일반'으로 모았고, 부족한 금액만큼 내 호주머니에서 꺼내 보탰다. 누가 알아주기를 바라고 한 것도 아니다. 한국에 가고 싶다는 학생들의 '절박한 마음'을 읽었기 때문이었다. 학생들을 위해 내가 할 수 있는 것은 토픽 수업밖에 없었기에.

고통을 받아들이기로 했다

스펜서 존슨의 『선물』에 보면 다음과 같은 말이 있다. "고통을 피하려 하지 않고, 배움으로 여긴다면 선물은 반드시 찾

아온다." 나는 당시 나에게 주어진 고통을 피하지 않았다. 살짝 급한 불만 끄고, 적당히 타협하라 조언을 하는 사람도 있었다. 근무지만 변경하면 금방 잊힌다는 현실적인 대안이었다. 물론 그러한 방법이 고통을 '완화'하는 데 도움이 될지도 모른다. 그러나 근본적인 대책이 될 수는 없다는 판단하에 끝까지 버티기로 작정했다. 그래야 문제의 본질이 드러나고 사람들의 의심이 사라질 것이라고 믿었다.

이 사건을 계기로 한 가지 배운 것이 있다. '목적이 선하다고 반드시 과정까지 선하게 보이는 것은 아니라는 사실'이다. 오히려 선한 목적 때문에 본래의 취지를 의심받고 도리어 공격을 받는 일이 생긴다. 그러나 이는 누구의 잘못도 아니다. 스스로 각오한 일이었기 때문에 더는 후회가 없었다. 고통을 받아들이기로 했다. 정면 돌파가 지름길이기 때문이다. 이제야 진짜 우즈베키스탄 생활이 시작되나 보다. 초짜 한국어 선생의 미래, 절대 순탄하지 않을 것만 같다. 이러한 고통을 견뎌 낸다면 나에게 돌아올 선물은 과연 무엇일까?

kuz[쿠스] (가을),
당신은 당신의 눈을
믿을 수 있습니까?

비자 문제가 해결되는 동안, 일시적으로 한국어 수업이 중단되었다. 출근을 안 해도 된다는 학교 측의 통보를 받고 자의 반 타의 반으로 '자가 연수'를 하게 되었다. 한시라도 빨리 해결되어 수업을 진행해야, 곧 있을 토픽 시험에 대비할 수 있을 텐데. 마음이 조급해지기 시작했다. 만일 비자 연장이 거부된다면, 말 그대로 '불법 체류자' 신세가 된다. 그렇게 되면 잔여기간 내에 짐을 싸고 한국으로 쫓기듯이 귀국해야 한다. 운명의 여신은 누구의 손을 들어줄 것인가.

그렇게 고통스럽고 무력한 하루를 보내던 중에 학과 대표 학생으로부터 한 통의 전화가 왔다. 전화기 너머에서 학생들 한 명, 한 명이 격려의 말을 전했다. 순간 뜨거운 눈물이 와락 쏟아졌다. 영화 〈죽은 시인의 사회〉의 한 장면이 연출되는 듯했다. 다음 날 현지 사무소 직원이 나에게 당부 사항을 전달했다. 절대 외출하지 말고 길거리에서 경찰관의 검문을 받으면 체포될 수도 있으니 조심하라고 했다.

"선생님, 저 왔어요. 너무 답답해서 그러는데 맥주 한잔만 하면 안 될까요?"

동료 선생님과 조촐한 식사를 마치고 집으로 가는 길이었다. 이상하게도 눈앞에 온갖 '헛것'이 보였다. 우즈베키스탄 경찰의 제복이 초록색인데, 길거리 가로수가 그처럼 보여 깜짝 놀라 건물 안으로 숨기도 하였다. 누군가가 나를 미행하고 있다는 느낌이 들어서 순간 뒤를 돌아보니 한 마리 길고양이가 어두운 골목으로 유유히 모습을 감추고 있었다. 허탈함에 터벅터벅 걸어가다가 택시를 잡아타고 집으로 향했다. 집에 도착하니 덩그러니 혼자 놓인 기분이 들었다.

"우즈베키스탄에 왜 온 걸까?"

내가 필요한 곳에 보내 달라고 그렇게 밤새도록 기도했는데, 결국 이렇게 모든 것이 끝나는 걸까. 지난 1년을 떠올리다 보니 나도 모르게 눈물이 났다. 보드카를 텀블러에 쏟아 넣고 연거푸 들이켰다. 그렇게라도 하지 않으면 기나긴 밤을 뜬 눈으로 지새워야 했기 때문이다. 그런데 독한 보드카 한 병을 다 비워도 잠은커녕, 오히려 정신이 말똥말똥해졌다. 주량이 늘어난 걸까, 아니면 깊은 근심 때문에 신경이 예민해진 걸까. 그렇게 또 하루가 지났다.

다음 날 사무소에 가니 담당 직원이 '근무지 변경'을 제안했다. 일이 커지기 전에 멀리 파견 가면, 시간이 다 해결해 줄 거라는 말과 함께. 속으로는 '자기 일 아니라고 그렇게 막 던지는 겁니까?'라고 따지고 싶었다. 그러나 '부적절한 교육 활동'의 낙인이 찍혀 있던 터라, 할 수 없이 꼬리를 내렸다.

'궁하면 다 통하는구나.'

주사위는 이미 던져졌다

그날 이후로 나는 무슨 철학자라도 된 듯, 시간마다 깊은 사색에 잠겼다. '인생이 무엇인지'에 대해, 또한 하늘이 나에게 부여한 사명이 무엇인지에 대해 곰곰이 생각했다. 누군가에게 이런 속마음을 털어놓았다면 '미친놈' 소리를 들었을지도 모른다. 그냥 다른 근무지로 가서 새로 시작하는 것이 나을까. 그렇게 되면 이번 사건은 조용히 잊힐 거라는 담당자의 말이 자꾸 귓가에 맴돌았다. 어떻게 해야 할까.

그의 제안에 동의하는 순간, 나에게 잘못이 있음을 자연스럽게 인정하는 셈이 되는 것이 마음에 걸렸다. 자칫 '문제가 있으니까 도망치는 것 아니냐'라는 오해를 불러일으킬 수 있기 때문이었다. 오랜 고민 끝에 조금 껄끄럽더라도 학교 관계자를 설득해서 원래 자리로 복귀하는 것이 낫겠다는 결론을 내렸다. 비장한 각오로 사무소 담당자에게 내 생각을 말했다. 그러자 그는 매우 난감하다는 표정을 지으며 말했다.

"박 선생님 생각이 정 그러시다면 좋습니다. 밖에 학과장님이 와 계시는데, 만나 보시겠습니까?"

내가 근무하던 대학에는 두 개의 한국어 학부가 있었다. 한국경제학과와 한국어학과가 바로 그것이다. 학과장님과 긴 토론 끝에 나머지 1년을 한국어학과에서 근무하기로 합의하여 논란을 매듭지었다. 부임 초에 근무했던 한국경제학과와 비교하면 한국어학과의 성과가 미미해서, 이번에 오게 되면 더욱 열심히 해 달라는 뜻을 전달받았다. 그녀는 '우먼파워'를 자랑하는 전설적인 인물이라는 평가가 있었다. 대외 관계와 처세에 능숙하니 '바짝 긴장'해야 할 것이라는 동료들의 조언도 들은 적이 있다.

지방으로 좌천되는 길을 피해서 다행이었지만 한편으로는 한국어학과 학생들과 학과장, 교수들이 어떤 성향을 지녔는지 익히 아는 터라, 신경이 곤두섰다. 쉽게 '타슈켄트의 기센 언니'들의 90%가 모여 있다고 생각하면 정확할 것이다. '여인천하'의 소굴에서 어떻게 살아남을지가 관건이다. 그러나 이미 주사위는 던져졌다.

두 학과는 20여 년 동안 서로를 경쟁자로 여겨왔다. 은밀하게 속마음을 숨길 법도 한데, 이들은 아예 대놓고 사사건건 시비를 걸었다. 한국 관련 행사를 주최했다 하면 두 학과의 '기 싸움' 때문에 행사 진행이 중단되곤 했다. 심지어 지난번 말하기 대회 때는 '출연 순서'를 놓고 신경전을 벌이기도 했다. 물과 기름처럼 서로 평행선을 그리며 가고 있는 것이 눈에 보였다. 그 틈에 내가 제대로 낀 것이다. 누가 시키지도 않았는데, 제 발로 '호랑이 굴' 속으로 걸어 들어간 느낌이 들었다.

한국어학과의 학생들과 교수들의 포스는 정말 남달랐다.

수업 시간에는 더욱 그 기세가 강해졌다. 눈에서는 레이저 광선이 나오는 것만 같았다. 도저히 수업을 못 할 지경까지 이르렀다. 남들 눈에는 별문제가 없었지만, '은근히 괴롭히겠다'라는 매서운 눈빛이 느껴져서 소름이 돋았다. 수업 시간 내내 긴장의 끈을 놓을 수가 없었다. 조그만 실수라도 발견되면 영원히 날려 버리겠다는 생각을 품고 있는 것 같았다. 정말일까, 아니면 그냥 기분 탓일까?

한국어학과에서는 괜히 눈치가 보였다. 이미 한 차례 전쟁을 치르고 나서 그런지 몰라도 사소한 부분까지도 신경이 쓰였다. 학과장의 요청을 있는 그대로 수용하다 보니 토픽반 수강생이 무려 70명에 달했고 학생들 한국어 실력의 편차가 커서, 수업이 쉽지 않았다. 무엇보다 이전에 근무했던 한국경제학과보다 월등한 성과를 내야 한다는 부담감이 매우 컸다. 하루하루가 지옥 같았다. 그냥 포기하고 싶었다. 애초에 사무실에서 제안했던 대로, 지방으로 근무지를 옮겼다면 상황이 달랐을까? 꼬리에 꼬리를 무는 질문과 대답, 그렇게 무거운 일상이 계속되었다.

두 번째 슬럼프, 결의에 찬 눈물

타슈켄트에 입성한 지 1년 만에 두 번째 슬럼프가 찾아왔다. 지난 1년 동안 피땀 흘려 가르쳤던 학생들로부터 '투서'라는 한 방을 세게 얻어맞았고 본의 아니게 '부적절한 선생'이 되어 졸지에 가방 싸 들고 한국으로 쫓겨나기 일보 직전의 상황으로 몰렸다. 사무소의 싸늘한 태도에 혼자라도 상황을 바꿔 보려 부단히 노력했지만, 괜히 눈엣가시 같은 존재가 되어 버렸다. 힘든 날이 계속될수록 지쳐만 갔다. 끝까지 버티겠다는 처음의 열정은 온데간데없었다.

순간 배신감이 밀려왔다. 나를 파견한 대한민국이 원망스러웠다. 그리고 선생의 순수한 의도를 의심한 타슈켄트 학생들이 정말 얄미웠다. 출국 전에 수많은 계획을 세우며 비장한 각오를 했었는데, 불과 1년 만에 모든 일이 물거품으로 돌아갔다. 심지어는 비자 연장마저 보류 되었고, 급기야는 학교 출강, 외출 등의 외부 활동도 삼가라는 사무소의 지시 사항이 전달되었다. 사실상 '가택 구금'에 해당하는 조치였다. 이제 어떻게 해야 할까. 자꾸 베란다에 놓인 큰 이민 가방에 시선이 쏠렸다.

'다시 짐을 싸야 하나?'

그동안 참았던 눈물이 볼을 타고 한 방울씩 흘러내렸다. 슬픔의 눈물이 아닌 억울함, 혹은 결의에 찬 눈물이었다.

과거 민주화 투쟁을 했던 일부 선배들이 대학교나 명동성당, 조계사 등 치외법권 지역에서 생존하는 모습을 텔레비전 뉴스에서 본 적이 있다. 나는 무엇을 그렇게도 잘못한 걸까. 남들처럼 그럴싸한 핑계를 대고 고급 호텔 수영장, 헬스클럽에서 시간을 보내야 '적절한 교육자'로 인정해 주는 걸까. 방학 내내 스페인, 이란, 발트 삼국 등을 여행하고 그때 찍은 사진이나 자랑삼아 수업 시간에 공개했다면, 이런 일은 없었을 텐데. 그들이 나를 혼자만 튀어 보려고 '눈치 없는 행동을 하다가 딱 걸린 사례'로 생각하며 수군거릴 것만 같았다.

그때야 정신이 번쩍 들었다. 그리고 학생들이 나에게 매번, 묻는 말이 떠올랐다.

"선생님은 여행 안 가세요?"

그 질문에 담긴 깊은 뜻을, 왜 1년이 지나서야 알게 된 걸까. 우즈베키스탄 학생에게 한국 선생님들은, 모두 선글라스를 끼고 호텔 수영장에 다니면서 시간 나면 인근 국가로 여행이

나 가는 사람이었다. 그래서 첫 수업 시간부터 학생들은 마음의 문을 걸어 잠그고 수동적인 태도로 일관했던 것이다. 이제까지 수없이 많은 '한국어 선생'을 겪은 학생들 눈에, 토픽반 전원을 모두 한국에 보내겠다며 발버둥 치는 선생의 모습은 기이하게만 보였을 것이다.

학생들 뇌리에 박힌 '한국어 선생'에 대한 선입견을 깨는 게 급선무였다. 규정상 한 주당 여덟 타임(한 타임당 90분)만 수업하면 되었지만, 그 정도의 수업시수로는 턱없이 부족하다고 생각했다. 13시면 모든 수업이 끝나니 정규 수업이 끝나는 13시부터 18시까지 추가로 토픽반 수업을 진행하였다. 일요일을 제외하고 공휴일마저 반납하고 수업에 집중했다. '연중무휴 시스템'을 유지하려고 무진장 애썼다. 심지어는 방학 기간에도 토픽 실전반을 개설해 운영하였다. 한 가지 원칙은, '학생들 앞에서 절대로 지친 모습을 보이지 않기'였다. 가르치는 사람의 열정이 결국, 학생들의 수업 성과에 직접적인 영향을 미치기 때문이었다.

yoz[여스] (여름),
누군가에게 어떤 의미가
되어본 적이 있습니까?

2010년 여름. 토픽반 수업을 한 지도 이제 1년이 지났다. 그동안 숱하게 많은 문제와 위기를 만났고 포기할 뻔했지만, 끝까지 버텨 왔다. 힘든 시간을 이겨 낼 수 있었던 힘은 무엇일까. 물론 '보드카의 힘'을 빌린 것도 사실이다. 인형같이 예쁜 우즈베키스탄의 미녀들도 한몫했다. 그러나 가장 큰 힘이 되었던 것은 바로 '학생들'이었다. 그들이 존재했기에 접었던 꿈을 다시 꿀 수 있었다.

"학생들 곁에는 늘 선생이 있어야 한데이."

사범대학 재학 시절, 어느 교수님의 한마디를 가슴에 새기고, 머나먼 이국땅, 우즈베키스탄까지 날아왔다. 타슈켄트에서 만난 학생들, 그들은 나에게 어떤 의미일까. 내 인생의 한복판에 나타난 학생들과 매일 호흡하면서도, 단 한 번도 그런 생각을 해 본 적이 없었다. 그럴 여유가 없었다는 말이 더 정확했다. 커다란 위기를 겪고 나서 그런지, 그해 여름 시작한 '한국어 특강'에는 학생들이 필사적으로 참여하여 나를 놀라게 하였다.

그들 중에는 '투서'를 하였던 학생들도 있었다. 사적인 감정으로 학생을 대하는 선생은 참된 교육자가 아니다. 치사한 보복을 하기에는 시간이 부족했고 해야 할 일도 산더미처럼 쌓여 있었다. 40여 명에 달하는 학생들을 모두 한국에 보내겠다는 약속을 꼭 지켜 내고 싶었다. 차라리 비자 문제를 핑계로 일찌감치 한국으로 도망갔어야 했는데, 이미 시기를 놓쳐 버린 건 아닐까 하는 우스갯소리를 하며 날을 새 가며 수업 자료를 정리하곤 했다.

시간이 지나자 신기하게도 학생들의 태도에 변화가 생겼다. 그 이유가 무엇인지는 정확히 알 길이 없었지만 얼마 전까지만 해도 **'이기적이었던 학생들'**이 1년 사이에 **'단단한 팀워크'로 다져진 강팀이 되었다.** 이제는 학생들 스스로가 '함께, 더불어 한국에 가자'라는 말을 서로에게 하며 뜻을 모았다.

그동안 그들에게 무슨 일이 있었던 것일까. 여기저기를 떠돌며 한국어 수업을 찾아다니다가 아니다 싶어, 이제야 제자리를 찾아온 것일까.

"우리는 하나!"

그러던 어느 날, 타슈켄트 한국교육원에서 연락이 왔다. 국내 모 대학에서 유학생을 모집한다는 것이었다. 모집 공고에 나온 사항들을 일일이 점검해 본 결과, 지원자격에 해당하는 학생은 총 세 명이었다. 시간이 촉박해서 바로 상담을 진행했다. 일사천리로 진행하지 않으면 안 될 상황이었다. 일과 시간 대부분을 한국 유학에 필요한 서류와 신원 확인을 위한 각종 증명서를 발급받는 데 쏟아부었다. 세 학생이 모두 수도 타슈켄트가 아닌 지방 출신이라서 진행 속도가 더욱 더뎠다. 더군다나 우즈베키스탄에는 아직 증빙 서류를 발급받는 시스템이 없었고, 거의 수작업으로 이루어져서 하루에 서류 한 통을 받는 것조차 버거웠다.

마감 날짜가 다가올수록 속이 타들어 갔다. 기한 내에 서류 준비를 못 한다면 기회를 놓치게 되기 때문이었다. 서류 공증과 번역의 문제가 끝까지 발목을 잡았다. 러시아어, 우즈베

크어로 된 서류를 영문으로 재번역해야 했다. 공증과 번역을 의뢰할 때마다 쌓여 가는 수수료 때문에 학생들의 얼굴은 점점 굳어졌다. 한국에 유학 가는데, 왜 영문 서류를 제출해야 하는 걸까. 신기하게도 한국에 가야 하는데 한국어 번역 서류를 제출하라는 말은 어디에도 없었다. 모든 서류는 최종적으로 영문 번역을 해서 제출하라는 것이 학교 측 설명이었다.

우여곡절 끝에 증빙 서류를 모두 공증, 번역하여 수집하였다. 각종 서류를 일목요연하게 분류하여 양식을 갖추어 한국 대학 측에 메일을 보냈다. 담당자와 통화해 재차 확인하는 것도 잊지 않았다. 해외에서는 종종 발송 오류가 나기도 했으므로 10분 간격으로 두세 번 반복해서 메일을 보내 두는 것은 거의 필수 작업이었다.

"여보세요? 여기 타슈켄트인데요. 혹시 지원 서류 받으셨나요?
"네, 선생님. 서류 접수 확인했습니다. 결과 나오면 연락드릴게요."

토픽 시험 결과와 맞물려 있는 일이라서, 학생들과 나는 심장이 떨리고 입술이 바짝 타들어 갔다. 발표 당일 나는 '우리는 하나'니까 합격을 해도 불합격을 해도 함께하는 것이 어떠냐고 학생들에게 제안했다. 다행히 학생들은 흔쾌히 동의해 주었다. 사무소에 가서 토픽 시험 결과를 확인하고, 건물 밖으로 나왔다. 더군다나 이번에 한국 유학 서류를 접수한 터라 더더욱 결과가 중요하였다.

진한 사랑의 끝, 기쁨의 눈물

"바스리딘, 자혼길, 알리세르. 내가 한마디만 할게."
"선생님, 결과는요?"
"이제는 울어도 된다."
"네? 선생님…. 불합격…인가요?"
"아니! 세 명 다 합격이다."
"선생님…. 감…사…. 흑흑…. 감사합니…."

말을 잇지 못하는 학생은 바로 알리세르였다. 큰 덩치와는 사뭇 다른 그의 감성은 여느 여학생 못지않았다. 그날 학생 셋과 나는 마치 '남북통일, 우주정복'이라도 한 것처럼, 타슈켄트 시내 복판에서 미친 듯이 울었다. 그리고 목청이 터지라 외쳤다.

"드디어… 합격이다! 와하하, 하하!"

지난 세월이 영화의 장면처럼 스쳐 지나갔다. 학생들과 울고 웃으며 함께했던 수많은 시간. 매일 아침부터 늦은 저녁까지 온몸의 에너지를 쥐어짜면서 한국어 수업을 해 왔다. 갖가지 방해에도 끝까지 포기하지 않았다. 긴장이 풀린 학생들을 매일 벼랑 끝으로 몰았다. 힘들다는 이유로 울면서 뛰쳐나간 학생도 상당수 있었다. 끝까지 살아남아야 한다고 매번 학생들에게 강조했건만. 끝내 참지 못하고 중도에 그만두는 학생들의 뒷모습을 보면서, 한숨을 짓는 일도 많았다. 그렇게 '배수의 진'을 치고 수업에 목숨 걸었다.

나중에 학생들을 만나면 꼭 안아 주고 싶다. 내 진심은 '오직 너희들뿐'이라고 말하고 싶다.

그렇게 2년 동안 나는 진한 사랑에 빠졌다. 수십 번을 헤어지고 재회하고, 또다시 부딪히고……. 원수처럼 서로 얼굴 안 보겠다고 '피를 튀기는 전쟁'을 치르기도 하고, 마주 앉아 맥주잔을 기울이기도 했다. 때로는 그들이 나를 떠났다는 배신감에 가슴 아픈 날도 많았다. 그러나 지금 나는 훌쩍 성장한 우리 학생들이 정말 자랑스럽다.

bahor[바허르] (봄),
스스로와의 약속을 목숨 걸고
지켜본 적이 있습니까?

우즈베키스탄에서 난생처음 외국인 학생들을 만났다. 그리고 2년이라는 적지 않은 시간을 타슈켄트에 머물렀다. 어마어마하게 센 '현지 텃세의 쓴맛'도 보았다. 10년이 지난 지금, 정말 믿을 수 없는 '기적'들이 나타나고 있다. 2009년 당시, 미래를 내다보는 능력이 있었다면 어떤 선택을 했을까. 엄청난 시련이 기다리고 있음을 미리 알았다면, 과연 우즈베키스탄행 비행기에 올랐을까. 2년의 세월을 '100'이라고 한다면 힘든 시간이 '95'이다. 달콤한 '5'는 애석하게도 귀국한 지 10년이 지난 지금 조금 맛보고 있다.

미래를 몰랐기에 가능한 일이었다. 어떤 일이 기다리고 있는지 몰랐기에 오히려 더 용기를 냈는지도 모른다. 결정적으로

'나 자신과의 약속'을 지키기 위해 몸부림을 친 것이 큰 힘이 되었다. 그 약속 덕분에 긴 시간을 버텨 낼 수 있었고 오랜 기다림과 인내 끝에 달콤한 열매도 맛볼 수 있었다.

포기하고 싶은 순간도 많았다. 타슈켄트에 입성한 지 정확히 2주가 되던 날, '우즈베키스탄'이라는 나라에 '정이 뚝' 떨어졌다. 원래부터 발령을 바랐던 나라가 아니었고 현지의 언어와 문화, 사고방식이 나하고는 전혀 맞지 않았다. 한국어 수업 첫날, 학생들을 만나고 나서는 더더욱 정이 안 갔다. 그들은 배우려고 하지 않고, 쓸데없이 '기 싸움'을 하는 데 온 힘을 쏟았다. 당시에는 그 이유를 알 길이 전혀 없었다. 지금은 학생들 처지에서 그럴 수도 있겠다는 것을 이해하게 되었다.

그때는 틀렸고 지금은 맞다.

반쯤 포기하면서 산다고 입버릇처럼 말했다. 하지만 그래도 마음 한편에는 '모양새 나게' 살고 싶은 욕망이 여전히 꿈틀대고 있었다. 번번이 그 꿈이 좌절되었지만, 그때마다 '다 포기하고 싶다'라는 생각 이면에, '꼭 극복해야 한다'라는 결심이 공존하고 있었다. '희망과 좌절'이라는 두 개의 수레바퀴가 굴러가고 있었다. 이것은 '하늘이 주신 지혜'임이 분명하다.

'약속 정원'의 '사랑꽃'

"이 강의실에 있는 학생들 전원을 한국으로 보내겠습니다."

이 말을 들은 학생들은 황당한 표정으로 나를 쳐다봤다. 당시, 그런 일이 현실에서 이루어질 거라고 믿는 사람은 단 한 명도 없었다. 심지어 인수인계하고 귀국하는 전임 선생님 역시 시큰둥한 반응을 보였다.

"박 선생님, 의욕은 좋은데 아마 불가능할 거예요."

불가능할 거라는 그 말 한마디가, 오히려 나의 열정에 기름을 끼얹었다.

'이제까지 못 했던 일이라면, 지금부터라도 시도하면 되는 것 아닌가.'

마음속으로 다짐에 다짐을 거듭했던 지난날들이 떠오른다. 과감히 포기했다면, 더 행복한 시간을 보낼 수 있었을까. 가까운 중동이나 발트 삼국에 여행이라도 다녀왔더라면 '자랑거리'가 더 많았을 것이다. 많은 사람의 부러움을 사면서 어

깨에 힘깨나 주고 살았을 것이다. 또한, 한국에 들어갈 날을
대비하여 미리미리 스펙 관리도 했더라면, 현지 고위 관료들
과 탄탄한 인맥을 쌓아 두었다면 지금보다 더 나은 삶을 살
수 있었을까.

전 세계 8천5백만 독자의 사랑을 받았고, 81개의 언어로
번역되어 기네스북에도 오른 『연금술사』에서 파울로 코엘료는
다음과 같이 말했다.

"자네가 무언가를 간절히 원할 때, 온 우주는 자네의
소망이 실현되도록 도와준다네."

내 마음속에 품었던 간절한 소원이 우주의 끝 어딘가에
닿은 것 같다. 그 소원의 끝에 우즈베키스탄이 있다. 내 인생
에서 학생들과 만남은 결코 우연이 아니었다. 그들에게는 나처
럼 '독한 선생'이 절실하게 필요했던 것 같다. 한 가지 확실한
것은, 소원을 이루기 위해서는 '대가'를 반드시 치러야 한다는
사실이다. 그리고 그 소원의 크기가 크면 클수록, 필요한 희생
과 노력도 커진다.

얼떨결에 뱉은 약속을 지키기 위해, 무수한 눈물과 땀을 흘

렸던 지난 시간을 되돌아본다. 슬며시 취소하고 원점에서 다시 출발하고 싶은 순간도 많았다. 그럴 때마다 스스로와 맺은 약속을 떠올렸다. 그 약속이 없었다면, '오늘의 열매'는 없었을 것이다. 그런 점에서 우즈베키스탄은 나에게 피붙이 같은 존재다. 헤어지고 싶어도, 끊을 수 없는 '질긴 운명'이라고 말하고 싶다.

학생들과의 약속을 지키기까지 꼬박 10년이 걸렸다. 지금 그들은 모두 한국의 명문 대학에서 석·박사 과정을 마치고 당당하게 항공사, 건설 회사, 대사관, 각종 공기업에서 활약하고 있다. 또한, 토픽 시험의 최고 등급인 6급 합격자도 나왔다. 토픽반 수업 첫날, 학생들과 했던 약속은 100% 성취했다. 아니 200% 초과 달성이라고 해도 무방하다. 말도 안 되는 일이 벌어진 것이다. 한 학생이 내 페이스북에 다음과 같은 글을 올렸다.

"결코, 이루어질 수 없는 기적이 일어났습니다."

학생들과 한 약속 덕분에 그러한 기적이 탄생했다. 우즈베키스탄에서 한 가지 삶의 법칙을 배웠다. 진짜 사랑은 시간이 지나야 참모습이 드러난다. 그 사랑을 키우는 비법은 짭조름한 눈물과 땀에 있다. 기억하자, 사랑이 꽃피기 위해서는 '약속'이라는 정원이 필요하다는 것을….

이제 그 해답이 사랑이라면
나는 이 세상 모든 것들을 사랑하겠네

사랑하는
인생을
선택하라

이은경

작가

이은경

영어영문학을 전공하고, 숙명여자대학원에서 창의교육으로 석사 학위를 받았다. 이후 영어교육에 창의성을 녹여내는 연구를 계속 이어 오고 있다.

20여 년간 교육사업을 하고 있는 남편과 함께 '사람을 세우는 문화'를 목표로 영어교육에 관한한 누구보다 책임 있고 전문성 있는 교육 전문가들을 양성해왔다. 이제는 전국으로 퍼져 있는 교육자들을 보며 큰 보람을 느낀다는 그녀는, 지금도 여전히 강사에서 학원 원장에 이르기까지 한 사람의 진정한 교육자를 탄생시키기 위해 그녀만의 독특한 프로그램과 창의적 교육기법으로 영어교육세미나 및 컨설팅을 진행하고 있다. 특히, 교육은 '분위기, 훈련, 생명'이라는 샬롯 메이슨의 정신과 저자가 전공한 창의교육을 우리의 교육현실에서 접목시키고 실현시키기 위해 부단한 노력을 기울이고 있으며 놀라운 성과를 이뤄내고 있다.

교육자가 건강해야 아이들이 건강할 수 있다는 신념 아래, 아이들의 건강한 자존감 향상을 위한 'Boosting Praise' 혹은 '발견해주기'라는 이름의 접근 방식을 창조, 일상에 도입하여 엄청난 성과들을 이끌어 내고 있다. 이 과정에서 아이들은 자신이 어떤 존재인지를 알아가며 진정한 '성장'을 이루고 있다. 명실 공히 아이들의 교육 전문가, 원장들과 강사들 교육 전문가로서 교육에서 나무만을 보는 것이 아닌 숲을 보고 나무를 아울러 볼 수 있게 함으로써 시야의 지경을 넓혀 주고 있다.

BLOG https://blog.naver.com/mylek1004
E-MAIL mylek1004@naver.com

사랑할 때
버려야 할 것들

얼마 전 한 블로그에 "숫자 4를 좋아해야 하나 고민이에요."라는 제목의 글이 올라왔다.

그분은 "저는 숫자 중에 4를 싫어하는 1인입니다. 작년에 사주를 봤는데 저한테 숫자 4가 연관되어 있다는 거예요. (…중략…) 진짜 안 믿고 신경 안 쓰고 싶은데 신경 쓰이게 만드네요."라며 글을 올렸다.

나도 오래전 숫자 4(四)를 아주 싫어하는 사람 중 한 명이었다. 그런데 지금은 4라는 숫자를 봐도 마음의 불편함이 전혀 없으며 심지어 즐겁기까지 하다. 예전의 나나 위의 블로거 님처럼 접할 때마다 마음이 불편해지는 뭔가를 가진 모든 이들에게 나의 이야기가 도움이 되기를‥‥.

숫자 4, '죽을 사(死)'에서 '사랑해'가 되기까지

초등학생 때 난 숫자 4만큼은 애써 피하려 했다. 죽을 사 (死)자라고 믿고 있었으니까. 네다섯 가구가 다닥다닥 세 들어 사는 곳 한 켠에 우리 가족도 살았다. 집에서 조금 떨어진 곳 에 다가구가 함께 사용하는 화장실이 하나 있었다. 그곳에서 볼일을 볼 때면 바닥에 있는 네모난 작은 타일들의 개수를 세 곤 했다. 타일들의 색깔이 두 종류였는데 같은 색깔별로 세다 가 4로 끝나면 애써 7이 될 때까지 다른 색깔을 끼워 맞춰서 다시 세곤 했다.

커서도 숫자 4를 여전히 달가워하지 않았다. **그러다가 문 득 '난 왜 이렇게 숫자 4에 매여 있지? 정말 벗어나고 싶다'라 는 생각이 들었다. 어떻게 할까 한참을 고민하다가 반대로 사 랑해 버리기로 작정했다.** 그때부터 마음속으로 '숫자 4는 내 가 가장 좋아하는 숫자야'라고 되뇌었다. 휴대폰을 처음 개통 하던 날 통신사에서 원하는 번호를 묻기에 주저 없이 "4444 요." 했더니 직원분이 "죽을 사(死)라고 다들 싫어하는데…."라 며 말꼬리를 흐리셨다. 번호를 찾아보시더니 장의사가 다 독 점한 것 같다고 다른 번호를 고르라고 하셔서 4404로 정했 다. '사랑해 사랑해 영원히 사랑해'라며 행운과 긍정의 의미를 가득 부여하면서. 그 뒤로 일상에서 숫자 4를 좋은 의미로 느끼도록 스스로를 정당화해 나갔다. 예를 들면, **식탁 다리도 네 개, 책상다리도 네 개, 꼭짓점이 네 개인 것들도 찾아냈다. 빌딩도 네모, 아파트도 네모, 교실도 네모, 집도 네모, 심지어 '네모의 꿈' 노래까지…. '야, 역시 숫자 4는 많은 도움을 주는 숫자야' 그렇게 숫자 4를 점점 사랑하게 되었다.**

결점으로부터의 해방

숫자 4 외에 나의 마음을 불편하게 만드는 또 다른 것들이 있었다. 바로 나의 결점들이다. 주위에서 본의 아니게 나의 결점들에 대해 말할 때마다 겉으로는 쿨한 척 웃지만, 속은 그렇게 편치 않다. 그 말들이 뱀처럼 똬리를 틀고 앉아 혓바닥을 날름거리며 나의 마음을 위협한다. 그리고는 내가 무언가를 추진하려고 할 때나 앞으로 나아가려 할 때, 종종 브레이크를 걸며 속삭인다. '넌 못 해. 넌 잘하는 게 없잖아. 넌 얼굴도 못났잖아. 넌 결점이 많잖아'

나는 어려서부터 외모나 존재 자체에 대해 부모님으로부터 칭찬을 들은 기억이 거의 없다. '이마가 툭 튀어나와서 보기 싫다', '잇몸이 튀어나왔으니까 손으로 입을 가리고 웃어라', '다리가 나무젓가락처럼 가늘어서 보기 싫으니까 치마 입고 다니지 마라' 이런 말들을 자주 들으며 자랐다. 자연스레 나는 하나도 예쁜 구석이 없는 사람이라는 생각이 머릿속 깊이 자리하게 되었다. 앞머리로 늘 가리고 다녔고 웃을 때는 늘 입을 가리고 웃으려 하고 치마는 거의 입지 못했다. 중학교 때 어쩌다 정말 치마를 입고 싶은 날은 입고 싶어서 입었는데도 바지를 다 빨아서 어쩔 수 없이 입었다며 묻지도 않은 친구들에게 먼저 변명을 했다. 유일하게 하나 갖고 있던 청치마를 용기 내서 입었던 날이었다. 쉬는 시간에 친구들은 내 다리를 보며 새 다리라고 놀렸다. 그 앞에서는 아무렇지 않은 척했지만 집에 돌아와서는 아주 우울해했다. 그래도 치마가 입고 싶은 날엔 똑같이 변명하며 입곤 했다.

어느 날은 원피스가 너무 입고 싶어서 어머니께 사 달라고 말씀드렸더니 내 다리는 나무젓가락처럼 가늘어서 원피스를 입으면 보기 싫다며 바로 딱 잘라 거절하셨다. 성인이 된 이후 난 나를 가두고 있는 그 표현들로부터 자유롭고 싶어서 과감하게 원피스를 사서 입어 보았다. 그것조차도 내겐 큰 용기가 필요한 일이었다. 그런데 꽤 잘 어울린다는 생각이 들었다. 그 뒤론 용기 낼 필요 없이 언제든 내가 원하면 편하게 입을 수 있게 되었다. 마른 사람들이 대접받는 세상이 되어서인지 지금은 사람들이 내 다리를 보고 새 다리라고 놀리는 게 아니라 예쁘다고 말한다.

어느 날엔 이마를 과감하게 드러내고 출근을 해 봤다. 그것도 내겐 심호흡을 하고 큰 용기를 내야 하는 일이었다. 그런데 직장에서 아무도 변화에 대해 말하는 사람이 없었다. 그때 속으로 쾌감을 느꼈다. 사람들에게 내 변화가 눈에 띄지 않을 만큼 자연스럽게 보인 반증이었으니까. 설사 다른 사람들이 어색하다 표했더라도 난 나를 옭아매는 모든 것으로부터 벗어나기로 작정했기 때문에 마음이 편안해질 때까지 상관하지 않았을 것 같다. 그 이후로 몇 년간 앞머리를 내리지 않고 올백 스타일로 다녔다. 이젠 그것으로부터도 자유로워져서 내가 하고 싶은 스타일대로 하고 다닌다.

고등학생 시절 나는 개인적인 삶의 어두움 속에서 웃는 것도 씩씩하게 활짝 웃지 못했다. 속으로 '내가 왜 그래야 하지?'라며 늘 저항 아닌 저항을 하면서도 입 언저리에서 손을 내리기가 어려웠다. 나이가 좀 더 들자 문득 자존심이 상했다. 그걸 극복하려고 가족들 다 자는 깊은 밤에 몰래 혼자 앉아 거울을 꺼내 놓고 웃는 연습을 한 적이 있다. 손으로 가리지 않고 마음껏 웃어 보기도 했다. 여러 날에 걸쳐 연습한 끝에 화통하게 소리 내어 웃을 수 있게 되었다. 갑자기 가슴이 뻥 뚫린 것처럼 시원해지는 것 같았다. 며칠 뒤 대학 동기들과 함께한 자리에서 그렇게 화통하게 웃어 보았고 그 이후로는 조용한 미소보다는 소리 내어 많이 웃게 되었다. 이젠 조용히 미소 짓는 게 더 쉽지 않을 정도다. 난 남이 내린 평가에 오랫동안 갇혀 살았고 그건 은연중에 나를 옭아매 앞으로 나아가는 데에 걸림돌이 되곤 했다. 이젠 이것으로부터도 해방됐다.

생각만으로 스스로를 불편하게 만드는 당신 속에 있는 그 무언가는 부정적인 이미지로 당신의 기억 속에 차곡차곡 쌓여 있다. 그 묵은 시간의 길이만큼 불편함도 짙을 것이다. 이젠 나를 가로막는 모든 것을 과감하게 버리기로 마음먹자. 자신에게 있는 그 불편한 생각 혹은 이미지들에게 말해 보자. '난 더 이상 너에게 끌려다니지 않을 거야. 난 달라질 거야'라고. 그리고 나서 긍정적인 이미지들을 계속 떠올리거나 찾아보자. 거울 속의 나를 보며 '난 사랑하기로 작정했어', '앞으로 나와 친하게 지내자', '좋은 친구로 있어 줘서 고마워'라고 말해 보자. 생각날 때마다 긍정의 이미지와 말을 되뇌어 보자. 불과 얼마 후 있는 그대로의 모습을 사랑하게 되어 환하게 웃으며 자유로워져 있는 당신의 얼굴을 볼 수 있을 것이다.

눈을 감아야
비로소 보이는 것들

그냥 외로워서 눈물 나는 날이 있다. 가슴이 옥죄여 와서 숨이 막히며 곧 울음이 폭발할 것 같은 날이 있다. 너무나 간절하게 원하는데 할 수 없어서 심히 괴로운 날이 있다. 이유 모를 눈물이 나는 날이 있다. 그런 날에는 이 세상에 나 혼자 있는 느낌이 든다. 나는 점점 작아져 깊숙이 내 안으로 들어가 웅크리고 앉는다. 그땐 울자. 실컷 울자. 그리고 조용히 눈을 감아 보자. 눈을 감으면 보이는 것들이 있다. 난 어딘가에 있다. 어느 계절, 어느 시각에 어떤 냄새와 어떤 느낌도 함께 따라온다. 누군가와 함께 있기도 하고 홀로 있기도 하다.

추운 겨울을 지내고 봄의 새싹들이 여기저기서 고개를 내밀기도 전에 눈을 감으면 어느새 난 어린 시절 이른 봄바람에

실려 오던 흙냄새를 맡고 있다. 어스름 해 질 녘에 저만치서 옹기종기 모여 있는 기와집 지붕 위로 피어오르는 밥 짓는 냄새의 연기와 함께. 돌이 안 된 남동생을 등에 업고 수건으로 머리를 감싼 어머니께서는 머리 위에 커다란 소쿠리를 이고 앞서 가시고, 난 뒤에서 해 질 녘의 파스텔톤 하늘이 아름답다고 느끼며 가슴이 붕붕 뜬 채로 한 손에는 호미와 다른 한 손에는 쑥과 냉이가 담긴 작은 소쿠리를 들고 어머니를 따라 논두렁을 종종종 걸어가고 있다.

위로를 건네 준 별에게

난 오늘도 조용히 눈을 감는다. 오늘은 별, 하늘, 구름이 보인다.

별을 떠올리면 눈물 가득한 얼굴을 들어 밤하늘의 별을 바라보다가 나에게로 쏟아진 별들의 따뜻한 위로를 느꼈던 기억이 가까워 온다.

초등학교 1학년 때 교통사고로 아버지가 돌아가신 후 4학년 때 어머니께서 재혼하셨다. 1년에 부부싸움 안 하는 날이 손가락으로 꼽을 정도였다. 한 번 싸우시면 집 유리나 장독이 깨지거나 군데군데 피가 묻었고 어머니 몸은 멍투성이가 되었다. 자다가도 아버지가 부르는 소리가 들리면 화들짝 놀라 깨기 일쑤였고 나중엔 아버지가 부르는 환청에 잠을 깨는 일도 잦아졌다. 어린 시절 나에게 집은 무섭고 불안한 곳이었다.

초등학교 6학년 때 친구를 따라 처음으로 교회에 간 나는 몰래몰래 계속 교회를 다녔다. 그러던 어느 날 아버지께 들키게 되었고 아버지는 내가 다시는 교회에 못 가도록 심하게 혼내셨다. 우리 집은 불교 집안인데 한 집안에서 두 종교를 믿으면 집안이 망한다는 게 그 이유였다. 일상이 고통이라고 느끼고 죽고 싶은 생각이 종종 들었던 나는 중학생이 되어선 교회를 나가지 않고는 도저히 견딜 수가 없었다. 그게 유일한 살길이라고 생각했다. 궁리 끝에 아침 운동이라는 명목으로 아버지 눈을 피해 새벽기도를 다니게 되었다. 이른 아침 집을 나섰다.

문을 열고 집을 나서 바라보는 새벽하늘은 아름다웠다. 동터 오기 전의 흐릿한 여명 속에서 하늘은 푸르고 별들은 반짝이고 있었다. 하늘 가득 총총한 별들이 깜박거릴 때면 나를 반기는 것 같았다. 때론 노래를 부르는 것 같기도 했다. 정다웠다. 깜박거림에 장단을 맞춰 생각나는 노래를 흥얼거렸다. 아침 운동을 한다고 말했기에 기도가 끝나면 근처에 있는 학교 운동장을 몇 바퀴 돌고 집으로 오곤 했다.

내 이야기를 들어준 별에게

어느 날, 학교에 다녀오니 옷장 속에 숨겨 놓았던 성경책이 바닥에 내동댕이쳐져 있었다. 아버지께서 내 옷장을 뒤지신 것이었다. 그날 난 심한 매질을 당했다. 나는 점점 마음이 어두워져 갔고 바닥이 보이지 않는 듯했다. 마음 기댈 곳 없던 나는 계속 교회를 다녔다. 겨울방학 중에 교회에서 사귄 친구들과 놀이동산에 놀러 다녀온 적이 있었다. 아버지께 학교 친구와 놀러 다녀오겠다며 아주 오랜만에 놀러 나가는 것을 허락받았다. 실제로 교회 친구 대부분이 학교 친구들이기도 했다. 그날따라 귀가 시간이 늦어졌다. 결국 교회 친구들과 다녀온 걸 아신 아버지는 곁에 놓여 있던 쇠파이프로 나를 때리셨다. 금세 내 머리 정수리 근처에서는 피가 흘러내렸고 자정이 훨씬 넘었던 시각에 쫓겨나게 되었다. 추운 겨울날 얇은 옷에 슬리퍼 차림인 나는 갈 곳이 없었다. 가까운 곳에 산을 깎아 만든 중학교가 있었다. 가파른 오르막 입구 양쪽에 학교 이름이 세워진 커다란 돌기둥이 있었고 한쪽 돌기둥이 산과 맞닿아 있었다. 그 사이에는 아이 한 명이 들어가 앉으면 살짝 끼일 정도의 틈이 있었다. 그 속으로 들어가 쪼그리고 앉았다. 눈에선 눈물이 하염없이 흘러내렸다. 얼마나 울었을까…. 채 마르지 않은 눈으로 올려다본 밤하늘은 하늘은 푸르렀고 별이 총총했다. 또다시 눈물이 흘러내렸다.

밤하늘에 가득한 별들을 한참 보고 있노라니 마음이 따뜻해지기 시작했다. 혼자가 아니라는 생각이 들었다. 별들에게 내 마음도 얘기했다. 얼마 지나지 않아 슬픔은 사라지고 마음이 편안해졌다. 곧 추위가 느껴졌다. 너무 추워 견딜 수 없어서 주변을 두리번거렸다. 다니던 교회가 근처에 있었다. 그곳엔 얼마 전에 새로 만든 작은 유아실이 있었다. 지푸라기라도 잡는 심정으로 그곳에 도착하니 마침 문이 열려 있었다. 들어가서 벽 히터를 켜 놓고 이불이 없어 새우처럼 몸을 웅크리고 누웠다. 어느 샌지 모르게 난 잠에 빠져들었다. 눈을 떠보니 한낮이 지나 있었고 어머니께서 자고 있던 나를 내려다보며 말없이 서 계셨다.

그날 이후로 난 거의 매일 밤, 하늘을 올려다보는 습관이 생겼다. 밤하늘의 별을 보면 마음이 따뜻하고 평온해지며 기분이 좋아진다. 조용히 눈을 감아 본다. 별들이 내게로 온다.

언제나 함께해준 햇살과 바람에게

가슴이 답답한 날이었다. 이유는 잘 모른 채로. 한숨이 나왔다. 내가 있는 공간도 갑갑하게 느껴졌다. 무작정 길을 나섰다. 문을 나서자마자 쏟아지는 햇살에 눈이 부셨다. 천천히 눈을 떠 보니 차가 눈에 들어왔다. 시동을 켜고 운전대를 잡았다. 평소에 다니던 길 가까이에 있는 작은 공원을 향해 페달을 밟았다. 평일이어서인지 공원 주차장엔 빈자리가 많았다. 긴 나무다리가 시작되는 지점 근처에 주차를 했다.

바람은 잠시 쉬고 있는 모양이다. 쭉쭉 뻗어 있는 나무 밑에서 비둘기들이 부지런히 모이를 쪼아 먹고 있다. 아무 생각 없이 긴 나무다리를 따라 걸었다. 다리 밑으로 물결이 잔잔하다. 물오리 몇 마리가 유유히 지나간다. 조금 걷다 보니 다리 한편에 초록 연잎들이 고개를 내밀고 있다. 햇살을 받은 등이 따뜻해져서 기분이 좋아진다. 살며시 눈을 감았다. 눈을 지그시 감은 채로 얼굴을 들어 하늘을 향했다. 얼굴 위로 쏟아지는 햇살을 느껴 본다. 그냥 따뜻하다고만 느꼈던 햇살이 얼굴 가득 스며들어 온다. 두 팔을 벌렸다. 열린 가슴과 팔과 다리 구석구석 들어와 순식간에 온몸을 따뜻하게 채우는 햇살이 부드럽다. 처음 느껴 보는 따사로움이다. 빛이 온몸을 감싸는 느낌이 그렇게 새로울 수가 없다. 마치 얼굴만 쏙 내밀고 온몸을 이불로 감싼 듯이 포근하다.

눈을 감고 얼굴은 하늘을 향해 들고 두 팔은 벌린 상태 그대로 계속 서 있어 본다. 이번엔 얼굴을 살랑살랑 간질이는 바람을 맞이한다. 있는지도 몰랐던 얼굴 표면의 솜털들이 다 일어나 춤을 춘다. 따사롭고 평화롭다. 바람도 따뜻하다.

나는 지금 다시 조용히 눈을 감아 본다. 혼자 있지만 더 이상 혼자가 아니다. 나에겐 별도 하늘도 구름도 바람도 햇살도 언제나처럼 그렇게 함께였고 지금도 친구처럼 나와 함께 있다.

미움 받지 않는 것보다,
미워하지 않는 것

벽돌 쌓기 전문가였던 아버지는 일당이 높아 며칠만 일하면 그럭저럭 우리 가족이 수일간 살 수 있을 정도였지만, 아버지는 없는 살림살이에 돈을 아무렇게나 잘 쓰셨다. 심지어 돈이 없으면 이웃집 여기저기서 빌려서라도 하고 싶은 것을 하셨다. 주로 당신이 좋아하는 낚시를 가거나 비싼 낚싯대를 구입하거나 동네 다방에 커피를 마시러 다니시곤 하셨다. 당시에는 비쌌던 무선 전화기를 갚을 상황이 못 되는데도 할부로 구입하는가 하면 좋아하는 뽕짝 노래를 듣기 위해 비싼 전축 세트와 CD를 할부로 구입하기도 하셨다. 건축일은 비가 오는 날은 할 수 없었다. 그런 날은 동네 어른들이 우리가 사는 셋방에 놀러 오셔서 하루 종일 담배를 피우며 화투를 치곤 하셨다. 나는 비가 오는 날이면 종일 그런 틈새에서 지내야 했기에 비 오는 날이 아주 싫었다.

나중엔 빚쟁이들이 빚을 갚으라고 찾아오고, 집 안에 빨간 경매 딱지가 덕지덕지 붙기도 했다. 고등학교 다닐 때는 집안이 가난한 학생들에게 학비를 면제해 주었는데 그중 학비의 10분의 1 정도 되는 육성회비는 현금으로 내야 했다. 약 2~3만 원 선으로 1년에 두 번 납부했는데 그 육성회비를 1년이 넘어도 내지 못해 행정실로 불려 간 적도 있었다. 교내 방송에서 이름이 불릴 땐 창피해서 숨고 싶었다.

집에 쌀이 떨어지는 날도 많았다. 그런 날이면 이른 아침에 어머니께서 내게 시장에 가서 쌀을 사 오게 하셨다. 당시에는 쌀가게에서 쌀을 풀어놓고 원하는 되 수만큼 팔기도 했다. 쌀을 한 포대씩 살 형편이 못 되어서 아침에 쌀 한 되씩 사 오는 일이 잦았다. 그마저도 안 될 때는 동전을 모아 작은 밀가루 한 봉지를 사 와서 수제비를 끓여 먹어야 했다. 밀가루를 살 돈이 조금 부족하면 온 가족이 장판을 들춰 가며 동전을 찾기도 했다.

나는 가정을 부양하지 못하는 아버지가 아주 싫었다. 거의 날마다 부부싸움이 있었고 심할 땐 어머니의 얼굴이 시퍼렇게 멍들고 부어서 알아볼 수 없을 정도가 되었는데 그날은 공포와 미움이 극에 달했다. 집을 탈출하고 싶었다. 아니 살고 싶지가 않았다. 그런 가정을 꾸리게 될까 봐 커서 결혼은 절대 하지 않으리라 다짐도 했다.

친아버지께서 교통사고로 돌아가신 후 보상금으로 나온 돈이 꽤 있었다. 일가 어르신들께서는 아이들 대학 학자금으로 쓰도록 잘 간직하라고 어머니께 당부하셨다. 그 돈이 있다는 걸 알게 된 아버지는 몇 달 만에 그 돈을 낚시 부대비용과 유흥비로 다 탕진하셨다. 그럼에도 부부싸움을 하면 남자인 아버지가 무력으로 어머니를 굴복시키곤 하셨다. 그 모습을 보아 온 나는 이 세상살이에 너무나 회의적이었다.

내 나이 스물여섯이 끝나가던 11월에 2대 독자인 오빠가 갑작스러운 교통사고로 세상을 떠났다. 오빠가 사망 후 상속인을 모두 나로 지정해 놓은 걸 알게 되었다. 교통사고 보상금을 그대로 내가 상속받아서 부모님의 장래를 위해 보관해 둘까 잠시 생각했다. 하지만 자식 잃은 부모님의 심정을 생각하고선 그 생각을 이내 지워버렸다. 난 상속 포기 각서를 쓰고 약 1억 원 정도의 사망 보상금이 부모님께 가도록 했다. 그런데 얼마 지나지 않아 아버지는 또다시 유흥비와 외도로 그 보상금을 다 탕진하고 말았다. 내 속에 숨어 있던 분노가 다시 끓기 시작했다. 초등학교 시절부터 고등학교 때까지의 일기장엔 아버지로 인한 속상함과 미움과 고통이 빼곡히 적혀 있었다. 아버지와 눈을 마주치고 이야기해 본 기억이 거의 없다. 아버지에 대한 미움과 분노는 나이가 들어도 사그라들지 않았다.

시간이 흐를수록 마음속에 남아 있던 응어리는 어떤 모양으로든 나를 괴롭혔다. 아버지 얼굴을 안 보고 지내면 아버지가 애처롭게 여겨지기도 했다. 동정하는 마음도 종종 생겨났다. 다시 얼굴을 보면 다 용서하고 이야기도 할 수 있을 듯했다. 하지만 막상 다시 만나면 눈은 마주칠 수 없고 답답한 마음이 꿈틀거렸다. 건널 수 없는 미움의 강은 늘 흐르고 있었다. 만나지 않을 때와 만났을 때의 이 교차하는 감정은 오래도록 계속 지속되었다. 이런 괴로움이 없어지기를, 아버지를 용서할 수 있기를 나는 늘 기도했다.

미움은 해결되어야 한다

그러던 어느 날 그 미움이 눈 녹듯이 사라졌다. 어떤 계기가 있었던 것도 아니다. 단지 아버지가 그동안 아버지로만 보였던 것이 '한 명의 사람, 한 인간'으로 보이기 시작한 것이다.

누군가를 미워하게 되면 가슴은 경직되며 메말라 간다. 미움은 나의 가슴을 옥죄고 뼈를 상하게 할 만큼의 고통을 동반한다.

원치 않는데도 미움의 감정이 올라올 땐 어떻게 해야 할까? 나는 나를 상대화해 보고 상대를 객관적인 타자로 바라보기를 시도할 때 나의 관점도 변한다는 것을 배웠다. 마치 내가 다른 사람을 관찰하듯이 나의 상태를 관찰해 본다. 미움의 대상이 된 상대도 주관적인 감정은 따로 놓고 객관적인 타자로 다시 바라본다. 내 시야를 흐리는 온갖 부유물들은 차츰 가라앉고 주위가 선명해지기 시작한다. 생각지 못했던 다른 관점이 생겨난다.

속에서 올라오거나 내 속으로 들어오는 미움은 해결되어야 한다. 그것이 나와 상대를 위한 길이다. 미움이 사라진 자리에 이해와 사랑이 자리하게 되는 것은 즐겁고 아름다운 경험이다. 그땐 사랑이 자연스럽게 내게서 상대에게로 흘러가는 유쾌한 경험을 하게 된다. 비로소 나는 푸르른 창공을 자유로이 비상하는 새가 된다.

하루 5분,
나를 채우는 시간

소확행의 사전적 의미는 '작지만 확실한 행복'이다. 일본 작가 무라카미 하루키는 한 수필집에서 행복을 '갓 구운 빵을 손으로 찢어 먹는 것, 서랍 안에 반듯하게 접어 넣은 속옷이 잔뜩 쌓여 있는 것, 새로 산 정결한 면 냄새가 풍기는 하얀 셔츠를 머리에서부터 뒤집어쓸 때의 기분…'이라고 정의했다. 소확행은 일상에서의 작지만 진정한 행복을 말하는 것으로 덴마크의 '휘게(hygge)'나 스웨덴의 '라곰(lagom)' 프랑스의 '오캄(au calme)'과 맞닿아 있다.

하루 5분의 여유 시간이 잠깐씩 주어질 때 당신은 무엇을 하는가? 30분 또는 1시간의 여유가 주어진다면 당신은 무엇을 할 것인가? 블로그나 카페 검색 아니면 댓글 달기? 카톡이

나 채팅? 또는 친구나 연인과의 수다? 다 좋다. 그러나 때론 평소와 다른 나만의 색다른 시간을 가져 보자. 틈새 시간이 나에 대한 탐구의 시간이 될 것이다. 내가 좋아하고 행복을 느끼는 소소한 것들에 대해 너무나 모르고 있었다는 걸 새삼 알게 될 것이다.

산책, 일상 여행자의 확실한 행복

여느 때와 같이 출근해서 일을 하고 있었다. 햇살이 밝게 내리비추고 맑은 아침이었다. 모닝커피를 한 잔 마시며 창밖의 하늘을 잠시 바라봤다. 시원한 바다처럼 펼쳐진 하늘을 보고 있노라니 마음이 소풍 가는 어린아이 같았다. 찻잔을 내려놓고 잠시 밖으로 나갔다.

따스하게 내리는 햇살을 얼굴과 등으로 느끼며 잠시 걸었다. 걷다 보니 창을 통해 바라보던 이층집이 보인다. 담이 높은 집이었다. 검은색 창살문 틈으로 작은 정원이 보인다. 잘 가꾸어 놓은 키 큰 나무들도 서 있다. 복층구조 같아 보이는 집인데 2층 베란다엔 아이들이 수영하며 놀 수 있는 둥근 튜브 풀장이 있다. 집 바로 옆에 모던하게 잘 꾸며진 꽃가게가 눈에 들어온다. 가게 입구는 원목의 발코니로 되어 있고 한

켠엔 푸른 초록빛을 자랑하는 커다란 화초 하나가 깔끔한 하얀 도자기에 담겨 있다.

조금 더 걸어가니 피부 마사지샵도 보이고 건강식품 매장도 있다. 모퉁이를 돌아본다. 보도블록을 천천히 따라가다 보니 정원이 좀 더 넓고 아름다운 이층집이 눈에 들어온다. 정원과 맞닿은 현관 입구 한쪽엔 자전거가 한 대 놓여 있다. 담벼락 가까이 가니 줄에 매여 있던 강아지가 크게 짖는다. 강아지 집은 푸른 잔디 위 제법 커다란 나무 한 그루 옆에 있다. 크게 몇 번 짖던 강아지는 이제 자기를 쳐다보고 있는 나를 관찰하기 시작한다. 코도 킁킁거린다. 코와 입 주변을 실룩거리는 모습이 참 귀엽다. 강아지 집 주위엔 이름 모를 예쁜 꽃들도 몇 송이 피어 있다. 그중에 어린 시절 뜯어서 손목에 차곤 했던 시계풀이 눈에 들어온다. 바람이 시계풀을 살포시 춤추게 한다. 나를 응시하던 강아지에게 손을 흔들며 만나서 반가웠다고, 오늘도 잘 지내라고 인사를 건네며 다시 가던 길을 간다.

담벼락을 따라 걷다 보니 다시 사거리가 나오고 또 다른 꽃집도 보인다. 얼마 전 새로 오픈한 커피숍이 꽃집 옆에 있다. 손님은 보이지 않았지만 불이 켜져 있는 모습이 다정하다.

다시 또 모퉁이를 돌아 길을 따라 걷는다. 등이 더 따뜻해졌다. 조금 차가웠던 발도 이젠 따뜻하다. 햇살을 음미하며 조금 더 걸으니 조금 전에 내가 나섰던 곳에 돌아와 있다. 들어와서 조금 전에 하던 일을 다시 챙겼다. 몸이 가볍고 손도 가볍고 어깨도 가볍다. 좋아하는 노래가 입안에서 저절로 흘러나온다.

산책하는 동안 내가 좋아하는 푸른 하늘과 따뜻한 햇볕은 내 가슴을 열게 했다. 창을 통해서만 보던 이층집과 정원은 집 안 구조를 상상하게 하고 키 큰 나무와 인사하게 했다. 모던한 꽃가게와 발코니에 놓인 화분은 유럽의 길거리 카페를 연상시키며 잠시 동안 나를 그곳으로 데려갔다. 피부 마사지샵의 로고와 포스터는 디자인을 감상하는 재미를 주고 건강식품 매장은 동네에 이런 곳이 있구나 하는 관심을 갖게 했다. 또 다른 이층집의 자전거와 강아지와 풀들이 나풀거리는 풍경은 나에게 잠시 쉼의 여유를 느끼게 했다. 꽃과 시계풀을 바라보며 산들바람을 함께 느끼는 순간, 나는 어린 시절 그리워하던 알프스의 언덕에 앉아 있었다. 보도블록과 모퉁이는 걷는 즐거움을 더한다. 느린 걸음으로 산책하며 돌아본 동네 언저리는 내게 새로운 모습으로 다가왔다. 담벼락, 사거리, 꽃집, 새로 오픈한 커피숍… 발길 닿는 곳곳을 음미하며 탐색하다 보니 마치 내가 여행자가 된 듯했다.

주파수 100.7, 늘어가는 느낌표

내 자동차의 라디오 주파수는 거의 100.7에 맞춰져 있다. 하루 종일 클래식 음악이 흘러나온다. 클래식 공연 영상 보기를 좋아하는 아들 덕분에 집에서도 유튜브를 통해 거의 매일 클래식을 듣는다. 하나의 곡을 계속 반복해서 듣다 보면 내가 즐겨 듣는 곡의 곡명과 작곡가를 알게 되기도 하지만 기억하고 있는 제목이나 작곡가는 많지 않다.

운전하면서 듣는 곡에 따라 상상의 세계를 넘나든다. 어린 소녀에서 공주가 되어 보기도 하고 비극과 희극의 주인공이나 관찰자가 되어 보기도 한다. 곡에 얽힌 옛이야기를 들을 때면 할머니의 옛날이야기를 듣는 손녀처럼 귀가 쫑긋해진다. 때론 가슴이 뭉클하고, 때론 함박웃음을 터뜨린다. 처음 듣는 곡이 마음에 들어올 때면 차를 갓길에 세워 두고 아나운서가 곡명을 소개할 때까지 기다렸다가 메모한다. 작곡가들의 삶의 이야기를 듣노라면 그때 그 시절로 돌아가 나도 그들의 삶의 일부가 되는 듯하다. 난 지금 이 순간 이곳에 살고 있는데 상상의 세계를 오가며 다양한 역사 속에서도 산다. 내가 원하면 언제든지 그곳에서 빠져나올 수 있고 또 언제든지 그곳으로 갈 수도 있다.

반복되는 일과 속에서 잠시 시간을 내어 내가 즐거워하는 것들로 채워 보는 것은 나만의 소확행이다. 바쁘게 돌아가는 일상에서 틈새 시간을 이용해 나만의 소확행을 맛보고 나면 마음속에 또 다른 여유가 생긴다.

여유로운 마음에서 기쁨이 생기고 그 기쁨이 내 마음의 곳곳을 채운다. 내 속에는 나도 모르는 빈 구멍들이 참 많은 것 같다. 그 구멍들이 내가 좋아하는 소소한 행복들로 채워져 간다. 난 이런 걸 좋아하는 사람이었구나! 느낌표도 늘어 간다.

이제 그 해답이 사랑이라면
나는 이 세상 모든 것들을 사랑하겠네

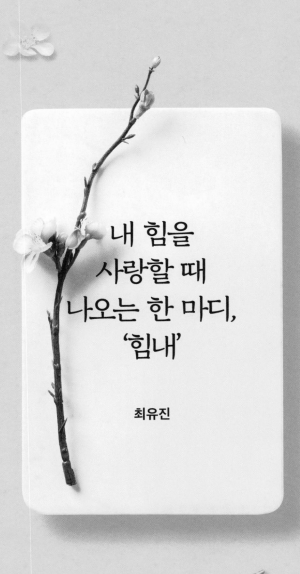

내 힘을
사랑할 때
나오는 한 마디,
'힘내'

최유진

작가

최유진

"내 인생은 내 작품! 최유진입니다."

강의장에 들어서면 그녀는 자신을 이렇게 소개한다. 다른 사람에 의해서, 또는 위해서만 사는 인생을 거부한다고 말하는 그녀는, 스스로의 삶을 디자인하는 아티스트라고 말하는 당당함이 가장 큰 매력이다. '내 힘'을 찾아 성장하도록 돕는 동기부여 강사, '내 힘'을 거꾸로 읽어서 '힘 내'라는 메시지를 전하는 심리상담사로도 활동 중이다.

처음부터 인생의 모든 순간이 맘에 드는 작품처럼 풀리지는 않았지만 그 시절이 있었기에 지금의 삶이 빛이 나고, 새로운 열정으로 시작될 미래가 기다려지고 늘 설렌다고 말한다. '내가 원하는 것을 얻는 힘'은 늘 꿈을 포기하지 않는 것이며, 자신을 제대로 알고 사랑할 때 생기는 놀라운 기적을 경험한 그녀는, 수백 번의 강의를 통해 그 기적을 전파하고 있다. 공무원, 의사, 대기업 종사자들을 비롯하여 수많은 사람들 앞에서 강의를 했다. 또한 스스로의 힘으로 살 수 있도록 돕는 자활센터 참여자와 경력단절여성, 교도소 재소자까지, 천 개의 색을 만났다고 해도 과언이 아닐 만큼 다양한 분들과 소통을 하는 강사이다.

상담심리학 박사과정 중에 있으며, 대학 교수로 재직하며 학생들의 꿈을 찾아주는 일을 도맡아 하고 있느라 쉴 새 없이 바쁜 그녀이지만, 오랫동안 하고 싶은 일이었던 작가가 되기 위해 준비된 펜을 들었다. 더욱 행복한 셀프리더로 살기 위한 메시지를 담은 개인저서를 집필중이라는 그녀의 책이 무척이나 기다려지는 이유다.

E-MAIL pma-c@naver.com
BLOG https://blog.naver.com/pma-c
FACEBOOK https://www.facebook.com/pmayj

세상의 모든 '나'를
사랑하게 되었을 때

아무도 나를 좋아하지 않아요. 세상은 나를 작은 악마
라 해요.

어느 땐 나도 나를 모르겠어요. 쓸쓸한 세상에서 내가
누군지······.

나의 라임오렌지나무. 밍키뉴 너는 알 거야. 내가 그리
나쁜 애는 정말 아니라는 걸······.

-나의 라임 오렌지 나무,〈89년 KBS 대학 가요축제〉

20년이 지난 지금도 가사 하나 안 틀리고 부를 수 있는 유
일한 노래이다. 초등학교 6학년 때 우연히 라디오에서 이 노
래를 들었다. 그 시절 유행가도 따라 부르지 못하는 나였지만,
유독 이 노래는 몇 번 듣지도 않았는데 가사가 술술 흘러나

왔다. 기분이 좋지 않거나 우울한 날에는 나도 모르게 이 노래를 부르곤 했다.

"인사드려라, 오늘부터 네 엄마야."라고 소개해 주시는 분이 계셨다. 오늘부터 이분이 나의 외삼촌인가 보다. 그분의 여동생은 나의 두 번째 새엄마가 되었다. 나는 조금의 망설임도 없이 그분께 "안녕하세요, 엄마."라고 말했다. 나의 말에 안도의 표정을 짓던 어른들은 뒤돌아 이런 말을 하는 듯했다. "엄마라고 그냥 부르네. 다행이긴 한데……. 애가 독하네."라고. 내가 무엇을 잘못한 걸까? 그래야 아빠가 안심할 거라고, 엄마도 없이 사는 것보단 나을 거라고 마음속 누군가가 말해 주었다. 이날 이후, '나는 내가 하늘나라에 살던 천사가 아니었을까?'란 생각을 했다. 천사였지만 잠시 이 세상에 내려와 있는 거라고 믿었다. 착한 천사였기 때문에 매번 착한 결정을 하게 하는 것이다. 하지만 한편으론 느낀 대로 말하지 않는 내가 무섭기도 했다. 불편하고 무시하고픈 마음이 들게 하는 악마도 내 속에 있는 것만 같아서. 이게 어린 시절, 읽고 들었던 동화와 이야기들로 상상할 수 있는 최선의 답이었다.

어른이 되어 가면서도 마찬가지였다. 바뀐 거라면, 내가 하늘나라 천사라고 믿지 않는 것뿐이었다. 불편했지만, 사람들

의 부탁을 잘 거절하지 못했다. 거절하는 경우엔 혼자서 보대
끼기도 했다. 혼자 있고 싶다가도 결국엔 사람들과 어울려 주
인공이 되고자 했다. 불가능하다고 말하는 일도 몇 날, 며칠
잠을 안 자고서라도 완벽하게 해냈다. '하기 싫다, 가기 싫다'
라는 생각을 '해내야 한다, 내가 꼭 필요한 자리일 거야'라는
문장이 이기고 이기기를 반복하는 동안 나는 지쳐 갔다. 살고
싶은 삶과 살고 있는 삶이 서로 다른 날이 잦아졌고, 나는 나
를 이해할 수 없었다. 소리 없이 외쳤다. 천사와 악마들에게.
'너희들 다 나에게서 나가 버려!' 이해할 수 없는 나를 사랑한
다고 말했던 건 거짓말이었다.

누가 봐도 나는 나를 사랑하는 사람으로 보였을 것이다.
그래서 아무도 몰랐다. 보이지 않는 나의 내적 갈등들을. 내가
지어낸 동화에서 빠져나오니, 더욱 혼란스럽기만 했다. 그럴
때면 다시 노래를 불렀다.

"어느 땐 나도 나를 모르겠어요. 쓸쓸한 세상에서 내가
누군지……."

모든 순간이 '나'였다

그러던 어느 날, 이런 말을 들었다. "유진 씨는 겉은 웃고 있는데, 행복해 보이지 않아요." 나를 오랫동안 봐 온 사람도 아닌데 조심스레 말을 했다.

이제 다른 사람에게도 다 보이나 보다. 그 말은 마치 "당신은 정체가 무엇입니까? 보이는 게 진짜입니까?"라고 묻는 것 같았다. 아니라고 우기고 싶었지만, 나 역시 정말 궁금했다. 보이는 나의 모습, 보이지 않는 모습 그리고 살고 있는 지금의 모습 중 무엇이 진짜이고 가짜인지.

진짜 나를 알기 위해 여기저기 기웃거리기 시작했다. 용하다는 점집과 철학원에 가 봤다. 첫 번째로 간 곳에서는 혼만 나고 나왔다. "세상 걱정할 것도 없는 사람이 뭐 하러 왔어? 생긴 대로 살아. 풀어 줄 게 없어." 다른 곳들도 마찬가지였다. "태양의 기운을 타고났다.", "사주에 불이 너무 많다." 전체적으로 뜨겁기만 한 답들. "아들로 태어났어야 했다.", "조상 중에 문제가 있다."라는 내가 어찌할 수 없는 이야기들은 해결책이 아님이 분명했다. 마인드 관련, 감정 조절 관련 프로그램에 참석도 해 보았다. 좋은 강의를 들으며 실습하고, 매일 "나는 내가 좋다."를 외쳤다. 솔깃한 언어들, 내 맘을 들여다본 듯한 공감의 말들이 잠시 위로가 되었지만 여전히 알 수 없었다.

여러 번의 심리 검사를 받았고 세미나에도 참석했다. 많은 노력을 통해 어느 정도 나를 이해할 수 있게 되었지만 궁금한 점도 늘어났다. 같은 검사를 가지고 상담사들은 각기 다른 해석을 한다. 그런데도 그 순간엔 모두 나라는 생각이 든다는 점. 더 나아가 나의 단점을 고치고 내게 없는 다른 성향의 장점도 배워야 한다는 식의 해석은 나를 더욱 힘들게 했다. 결국 나는 늦은 공부지만 심리 공부를 시작했다. 시간과 노력은 나를 배신하지 않았다. 막혀 있던 숨이 쉬어지는 것만 같았다. 부모나 조상을 원망하지 않아도 되었고, 배울 수도 없는 다른 성격을 배우지 않아도 되는 해석이 명쾌하기만 했다. 트라우마나 콤플렉스로 나를 가두지 않고 '날것'의 나를 제대로 알게 되는 순간이 내게도 왔다.

"골목대장이 되어 사내아이처럼 뛰어놀던 나. 앞에 서고 싶어 발표하는 것을 좋아하는 나. 화려하게 꾸미고 주목받고 싶은 나. 돈과 직장에 매이지 않고 하고 싶은 일만 하고 싶은 나. 조폭 마누라를 꿈꾸었던 나. 무대에 올라 강의하는 것이 너무 좋은 나."

겉으로 드러난 나의 대표 기질이었다. 하지만 이런 나를 말리는 다른 나도 있다. "안정적인 가정을 유지하고 싶은 나. 일을 완벽하게 최고로 잘하고 싶은 나. 집에서 편하게 혼자 쉬는 것이 좋은 나. 다른 사람이 쉽게 할 수 없는 일에 도전하여 성공하고 싶은 나. 나만의 공간에서 여유로움을 만끽하고 싶은 나. 적절한 돈과 소유물을 유지하고 싶은 나." 드러난 모습과는 상반된 바탕 기질은 나를 타이르기도 하고 불안하게도 한다. 다르지만 둘 다 진짜 나였다.

언젠가 참여했던 프로그램에서 살고 싶은 삶을 토대로 불리고 싶은 이름을 만들어 보는 활동을 했었다. 박사님 말씀에 나는 "자유롭게 질주하는 말처럼 살고 싶다."라고 대답했다. 박사님은 내게 'free馬'라는 이름표를 만들어 주셨다. 무척이나 맘에 들었다. 진짜 나는 길들지 않은 삶을 원했다. 하지만 그러면서도 안정, 여유, 유지라는 상반된 욕구도 무시하지 못했다. 만만치 않은 충돌에 나는 늘 마음의 갈등을 겪었던 것이다.

한 나무꾼이 산으로 가 나무를 찍다가 잘못하여 도끼를 연못에 빠뜨려 버렸다. 안타까워 울고 있으니 연못에서 산신령이 나타나 금도끼, 은도끼를 차례로 보여 주며, "이것이 네

것이냐?"라고 물었다. 정직한 나무꾼은, "아닙니다. 제 도끼는
오래된 쇠도끼입니다."라고 대답하였다. 이에 노인은 나무꾼의
정직함을 칭찬하며 세 도끼 모두를 주었다. 한편, 이 이야기를
전해 들은 이웃집 욕심쟁이 나무꾼이 정직한 나무꾼의 흉내
를 내고자 하였다. 그러나 그는 금도끼, 은도끼마다 제 것이라
고 대답하여 노인의 노여움을 사 금도끼, 은도끼는커녕 제 쇠
도끼마저 잃고 말았다.

나는 욕심쟁이 나무꾼이 되어 본다.
"이 마음이 네 마음이냐?"
"네, 저 맞습니다."
"이 마음도 네 마음이냐?"
"네, 그것도 저 맞습니다."

금은보화를 달라는 것도 아니니 벌 받을 일도 없다. 내 마
음에 좋고 나쁨은 없다. 보이는 나, 느껴지는 나, 다른 사람을
흉내 내는 나까지 "모든 나"를 있는 그대로 바라보자. 그리고
내 것으로 인정하는 것이다.

모든 나를 인정하면서 나는, 나에게 따뜻한 위로를 전할
수 있게 되었다. 안정된 직장에 다니면서도 늘 자유롭게 질주

하고 싶은 나에게 "괜찮다."라고, 자유롭게 질주하면서도 안 정적이지 않은 상황에 불안감을 느끼는 나에게도 "괜찮다."라 고 말한다. 어쩔 수 없이 사회가 요구하는 가면을 쓰게 되는 상황에서도 "괜찮다."라고 말해 줄 수 있다. 여전히 나의 '~싶 다'들이 갈등을 시작할 때가 있다. 하지만 이젠 둘 다 나의 재 능으로 보는 여유가 생겼다. '둘 다 맞다!'를 먼저 인정하고 난 다음, 나의 선택을 존중해 주는 것이다. '모든 나'를 인정하는 순간 진심으로 나는 나를 사랑하게 되었다.

많은 사람 중 일부는 살고 싶은 삶과 일치되는 삶을 살지 만, 대부분은 그렇지 못하다. 그래서 행복하지 않다고 말하면 서 그 이유를 부모님이나 집안 환경, 다른 사람 탓으로 돌린 다. 하지만 그 해답은 '모든 나'에게서 찾아야 한다. 모르면 약 이요 아는 게 병이라는 말을 따른다면 영원히 행복을 모르게 될 것이다. 알아야 한다. 한결같은 성격이든 상반된 성격이든 있는 그대로 바라보자. 여기서 세상의 기준은 필요 없다. 오리 지널 '나'를 찾기 위해 노력을 아끼지 말고 적극적으로 임하 라. 상대와 상황에 타협하여 불법 복제된 '나'의 모습도 따뜻 한 사랑으로 위로해 줘야 한다. 인정하고 싶은 것만 골라내면 안 된다. 내 안의 '모든 나'를 사랑하게 되었을 때, 꿈꿔 온 삶 을 살고 있는 당신을 보게 될 것이다.

사랑하려고 하지 않아도,
사랑해

"저는 모성애가 없나 봐요."

오랜 인연의 직장 후배이자 아끼는 동생이 던지듯 말했다. 그녀는 출산을 하고 6개월의 출산 휴가가 끝나 직장 복귀를 앞두고 있었다. 동생은 힘들게 임신했고 긴 기다림 끝에 귀한 생명을 품에 안았다. 그간의 몸과 맘의 고생을 너무나 잘 알기에, 아이를 두고 출근해야 하는 상황이 내 일처럼 안쓰러웠다. "넌 일이 왜 하고 싶니?" 내가 물었다. 나에게만 듣는 질문이 아니었나 보다. 잠시 생각하던 동생이 질문의 답을 말해주는 대신 고백하듯 한마디 말을 꺼냈다.

"저는 모성애가 없나 봐요."

그 말을 듣고 질문한 내가 도리어 울컥하는 감정이 올라왔다. 감정을 누르며 느릿느릿 대답했다. "남들은 어떻게 생각할지 모르겠지만, 난 네가 무척 이해가 돼. 그런 생각이 드는 것은 정상이야. 나도…… 그랬어." 맞다. 동생의 그 말은 내가 수천 번도 넘게 나에게 던진 말이었다. 그 말을 내뱉으며 가슴을 쳤던 지독하게도 아픈 기억들이 지금도 떠오른다.

다 내 잘못이야

아이가 생후 17개월이 되면 어린이집에 맡길 수 있다. 나는 그때부터 아들을 어린이집에 맡기고 회사에 출근하는 '워킹맘'이 됐다. 이후 병원에서 근무하던 나는 고등학교 동창을 우연히 환자로 만나게 되었다. 서로 안부를 물으며 이야기를 나눴다. 나의 상황을 얼추 알게 된 친구는 "몇 푼이나 번다고 핏덩이를 맡기고 나왔냐?"라고 했다. 그 순간 옷은 뒤집어 입은 채로 여기저기 상처 난 얼굴로 내게 안기던 아이의 모습이 떠올랐다. 이른 출근 시각을 맞추려면 아이가 자고 있을 때 집에서 나와야 했는데 육아에 서툰 남편이 아이를 챙겨 등원시키다가 종종 웃지 못할 실수를 하곤 했다. 친구의 말에 아이의 모습이 겹쳐지면서 마음이 아팠다. 그리고 내게 말했다. '나는 모성애도 없는 독한 엄마인가 보다'라고.

왜 아이를 한 명만 낳았냐고 물어 오는 사람들에게 너무 바빠서 애 낳을 시간이 없었다고 말할 만큼 바쁘게 살았다. 그리고 아이는 성장해 갔다. 지인들이 건강하게 잘 자라는 아이를 보고 "엄마는 돈 버느라고 정신이 없는데, 네 아들은 혼자 컸다."라는 말들을 했다. 건강한 아이에 대한 감사와 함께 또다시 가슴이 찢어지는 것 같았다. 돈 버느라고 바쁜 나에게 말했다. '나는 모성애도 없는 나쁜 엄마인가 보다'라고.

중학생 된 녀석은 멋 부리는 사춘기를 시작으로 하나둘 변해 갔다. 나와의 갈등도 그때부터 시작되었다. 고등학생이 되니 내 아들인데 딴 사람 같았다. 매일 불안하고 밤이면 혼자 우는 날이 많아졌다. 크고 작은 사건 사고에 '나에게 어떻게 저럴 수 있지', '내가 저를 어떻게 키웠는데?' 하며 실망하고 화내는 날이 이어졌다. 끝이 보일 것 같지 않은 시간을 겪을수록 나의 감정도 달라졌다. '내가 부족해서야', '다 내 잘못이야'라는 생각에 죄책감이 들었으며 나 자신이 너무나 싫어졌다. '엄마로서 사랑이 많이 부족했나 봐. 나는 모성애도 없고, 애를 혼자 크게 두어서 이런 일이 생기는 거야'라며 울고 또 울었다.

한 번은 아들이 선배들과 큰 사고를 쳤다. 운전면허를 갓 취득한 선배들은 운전을 해 보고 싶었고 아들은 내 자동차 열쇠를 몰래 가지고 나갔다. 아이들과 밤 나들이를 다녀온 내 차에는 그 흔적이 고스란히 남아 있었다. 그들의 모험은 그렇게 들통나 버렸다. 모험으로 끝내기에는 엄청난 일을 벌인 아이들에게 따끔하게 주의를 주는 것이 맞을 것 같다는 판단을 하였다. 그래서 아들의 선배들과 그 아이들의 부모님께도 연락을 드리고 모두가 만나는 자리를 만들었다. 역시나 나만큼이나 놀란 마음으로 약속 장소에 모인 엄마들은 어쩔 줄 몰라했다. "차야 제가 고칠 수도 있습니다. 하지만, 이 문제는 그냥 넘어가기에는 너무나 위험하고, 큰 일이기에 오시라고 했습니다."라고 말을 꺼내는 내게 한 엄마가 말했다. "저희 아들한테 들으니 어머님은 강의하신다면서요? 이번 일 듣고 너무 놀랐습니다. 제가 자식을 잘못 키웠나 하고 아주 속상했고요. 그래도 한편으론 어머님은 교육자이신데 그런 분 자녀도 그러는구나 하는 생각에 조금 위로가 되더라고요. 아무래도 바깥일 하시니 집에 신경을 많이 못 쓰시지요?" 같은 '엄마'라는 이름표가 붙은 그분의 말은 나를 휘청이게 할 만큼 깊이 박혔다.

'역시 또 내가 문제라는 거구나 내가 부족하여 아들을 잘못된 방향으로 키웠고. 그래, 난 사랑이 부족한 무신경한 엄마인가 봐'

여자가 되고 시간이 흘러 엄마가 되었더니, 매 순간 모성애라는 이름으로 심판을 받고 사는 것만 같았다.

자녀가 학교와 사회에서 요구하는 기준에 부합해 잘 성장하였다면 보편적으로 그 엄마는 좋은 점수를 받는다. 그 기준은 일반적인 데 반해 마이너스가 되는 기준들은 왜 이리도 많은 걸까? '아이가 아프다' 마이너스, '공부를 못한다' 마이너스, '성격이 어떻다' 마이너스, '사고를 친다' 마이너스 등등. 그중에 일하는 엄마들의 마음을 가장 아프게 하는 말은 '돈 벌러 나갔다' 마이너스이다. 그 이유 한 가지만으로 엄마로서 자식에 대한 사랑을 의심받기 일쑤다. 가장 지지해 줘야 하는 남편마저도 내 편이 아닌 순간을 경험하기도 했다. 그와 같은 의심과 심판에 죽을 만큼 힘들었던 나였는데……. 이제 막 엄마가 된 후배에게 왜 그런 바보 같은 질문을 했을까? 만남을 갖고 돌아오는 길에도 계속해서 생각이 이어졌다. 내가 받았던 나쁜 질문에 무기력하게 학습된 나를 보았다.

"넌 일이 왜 하고 싶니?"라고 누군가 물었다. 수입액, 사회적 지위, 인정 욕구 충족, 자존감, 여가생활 등의 이유를 거침없이 쏟아 낸다. 세상을 다 가질 것 같은 당당함으로. 그녀는 결혼 전에도 그랬고 아이를 낳기 전까지도 그렇게 대답했다.

시간이 흘러 그녀는 가정을 꾸렸고 엄마가 되었다. 그리고 다시 똑같은 질문을 받았다. 전처럼 대답하면 안 될 것만 같다. 이젠 엄마가 되었으니까. "아이를 사랑합니다. 하지만 내가 돈을 꼭 벌어야 하는 상황이었어요."라고 말하는 그녀에게서 이전의 당당함은 느낄 수 없었다. 그리고 '나는 나도 사랑합니다'라는 말은 마음 깊숙이 들어가 버렸다.

사랑할 수밖에 없는 선물

'모성애'의 사전적 정의는 '자식에 대한 어머니의 본능적인 사랑'이다.

본능적이라는 것은 자연스러워야 한다. 엄마가 되었다고 많은 것을 포기하게 하고 모성애라는 이름으로 평가하지 말아야 한다. 자의든, 타의든 말이다. 자녀에 대한 사랑은 사랑하려고 하지 않아도, 사랑할 수밖에 없는 자연스러움이 있다. 조바심 내며 눈치 보지 않고 당당한 엄마로 살아가도 된다. 생텍쥐페리의 『어린 왕자』라는 책에는 어린 왕자와 장미의 사랑 이야기가 나온다. 지구에서 5천 송이 장미꽃을 본 어린 왕자는 아무리 많고 아름다운 꽃들이 있어도 자신의 별에 있는 한 송이 장미가 더 소중하다고 말한다. 어린 왕자는 그 꽃에 물을 주고 바람막이를 덮어 주고 벌레도 잡아 주었다. 함께한 그 시간들이 있기에 특별하다는 것을 깨닫는다. 여자도 그렇게 아이와 함께한 시간이 더해져 위대한 엄마가 되는 것이다. 장미꽃이 불평하는 것이 힘들어 어린 왕자는 잠시 장미를 떠났다. 그러나 엄마는 그러지 못하는 사람이다. 신이 자녀를 주신 이유는 세상에 내 맘대로 되지 않는 것이 있음을 가르쳐 주기 위해서라고도 한다. 자녀가 방황하며 불평해도 곁을 지키고 변함없이 사랑하는 사람이 엄마일 것이다. 누가 시키지 않고 배우지 않았더라도 당연히 그렇게 하는 사람.

"엄마는 말이야. 내 생에 가장 행복한 순간에 대해 이야기하라면 먼저 입가에 미소가 번져. 그리고 네가 태어난 순간이라고 말해. 그 말을 하는 순간에도 가슴 벅참을 느낀단다. 아침에 일어나서 자고 있는 너를 안으며, 오늘도 열심히 일해야겠다고 다짐하는 것도 내 사랑이었어. 네가 갖고 싶다는 것은 어떻게든 사 주고 갖춰 주고 싶어서. 안 된다고 말했지만 결국 사 들고 가는 내 발걸음이 얼마나 신이 났는지 모를 거야. 먹는 입만 봐도 배부르다는 말은 너를 통해 알게 되었지. 수백 명의 사람들 중에도 너만 보이고, 네가 제일 멋져. 맛있는 음식을 먹을 때도 아들 없이 먹는 것이 죄짓는 것 같았지…. 엄마라고 부르는 목소리에 힘이 없는 날엔 하루 종일 그 이유를 찾지. 그렇게 자연스럽게 사랑만 하게 되더라."

동생과 나는 자식 사랑에 대해 이런저런 이야기를 나누고 헤어졌다. 그리고 며칠 후 카톡이 왔다. "원장님의 질문을 곰곰이 생각해 봤는데요, 일이 주는 고통과 즐거움 중 저에게는 즐거움이 커서 다시 일하려 하는 거 같아요. 직장에 나가면 사회 구성원이라 느껴지고 쓰임 받는 사람이라는 게 좋아요. 성취감도 있고 그게 큰 이유예요. 육아도 물론 중요하지만, 하다 보면 다시 선택하게 되는 날도 오겠죠? 그전까지는 우선 출근합니다. 모성애는 차차 늘리는 걸로. 저번에 원장님과의 만남을 통해서 많은 걸 생각하게 됐어요. 감사합니다!" 현명한 동생이지만 엄마는 처음인 한 사람이 모성애라는 이름으로 상처 받지 않기를 바라는 내 마음이 전해졌기를 바란다. 우리에게 온 소중한 아이는 사랑하려고 하지 않아도, 사랑할 수밖에 없는 그런 선물이라는 것을 조금씩 알게 될 것임을 기대한다.

100개의 폴더,
100개의 진심

"진정성에 목마른 시대, '계급장 떼고' 실력과 품질로 승부하는 〈복면가왕〉 같은 제품이 필요한 시대. 〈복면가왕〉의 인기 요인은 외모, 이미지, 인지도, 나이 등 모든 후광(halo)적 요소를 제외하고 오직 '노래'만으로 실력을 평가한다는 점에서 '금수저' 스펙보다 '진정성'이 갖는 힘의 영향력이 큼을 보여 주고 있다."

　　　　　　-『트렌드 코리아 2016년』(김난도, 전미영, 이향은 외 3명 저)

'최고입니다! 유익했습니다! 진정성 있었습니다!' 강의를 끝내고 나오는 길에 문자가 왔다. 발신인은 강사를 꿈꾸는 분들을 대상으로 한 전문 강사 양성 과정의 수강생으로 조금의 흐트러짐도 없이 맨 앞자리에서 강의하는 나를 뚫을 듯 보시던 분이었다. 내 이름으로 삼행시를 만들어 보내 주신 것이다. 강의료를 받는 강의를 시작한 지 10년이 지난 시점이었다. 그간의 많은 수강 후기 중 이 세 문장이 유독 나의 가슴에 각인된 이유는 무엇일까?

'무엇을 하는지 모름'

오래전 나 역시 바위처럼 앉아서 강의를 들었다. 직장에서 매일 진행하는 아침 조회를 잘 진행하고자 신청했던 서비스 강사 양성 과정이었다.

"그 나이였다……. 시가 나를 찾아왔다."

파블로 네루다의 「시」라는 제목의 시의 한 구절처럼. "그 나이였다……. 강의가 나를 찾아왔다." 강의를 듣는 내내, 누군가가 나에게 '얼음' 하고 외쳐서 굳어 버린 것 같은 자세로 집중하였다. '땡' 하고 몸이 풀릴 때쯤 선명한 이미지가 완성되어 있었다. 무대에서 강의하고 있는 당당한 나의 모습이. 그렇게 나는 강사가 되었다. 강사로서의 경력이 조금씩 늘어나고 있던 어느 날, 오래전 나처럼 강사의 꿈을 가진 누군가로부터 내가 그토록 듣고 싶었던 말을 듣게 된 것이다. "진정성 있었습니다!"

병아리 강사 시절에는 강의 자료를 모으는 것만도 버거웠다. 시간 내에 최대한 초보 티를 안 내고 강의하는 것이 최선이었던 시기가 있었다. 여기서 문제는 첫째, 대상자가 무엇을 원하는지를 파악하기보다는 고용주 입장의 내용이 중심이었다는 것과 둘째, 다양한 직업과 직무 특성을 가진 대상자에 대한 이해가 부족했던 것이다. 교육 담당자들은 강사 인력풀을 공유하기도 하는데, 한 번이라도 강의 피드백이 좋지 않을 경우 일찌감치 강사 생명이 끝나 버리기도 한다는 말을 전해 들었던지라 떨지는 않아도, 피드백에 대한 부담을 가진 채 강의를 시작하곤 했다. 초보 딱지를 빨리 떼기 위해서는 그만큼의 강의 경험이 따라 줘야 했기에 늘 초조했다.

나는 속도보다 중요한 건 강의의 수준을 높이는 것이라 생각했다. 불안정한 생활 때문에 조급해지지 않기 위해 직장을 유지하며 강의를 했다. 몸이 고생스럽긴 했지만 두 가지 일을 병행한 생활은 차후 나의 강사 활동에 큰 자산이 되었다. 의료 상담을 했던 나는 다양한 직업과 지역, 연령의 사람들을 만날 수 있었고 고객들은 연령별 특징과 관심사를 파악하고 직업별 애로 사항과 직무에 대한 많은 정보를 주었다. 그런 소통은 상담 시 라포 형성에도 많은 도움이 되니 일석이조였다. 부업 개념으로, 회사에서 주는 모든 휴가를 쪼개 강의를 했고 일방적인 전달이 아닌 소통과 참여가 이루어지는 강의를 목표로 노력했다. 서비스 강사로 시작했지만, 나만의 콘텐츠를 찾고 집중하기 위해 강의가 가능한 다양한 분야를 경험해 보고 싶었다.

강의안 하나를 계획하고 준비하는 데 엄청난 노력과 시간을 할애했다. 경력이 쌓일 때쯤 내 저장 매체에는 100개가 넘는 폴더가 있었다. 어느 폴더의 이름이 '무엇인지 모름'일 정도로 공부하고 수집한 자료의 양이 많아졌고 할 수 있는 강의 분야는 늘어만 갔다. 그렇게 하다 보니 이제는 나 스스로에게 '무엇을 하는지 모름'이라는 이름표를 붙일 지경이 되어 버렸다.

명강사인 김미경 씨는 어느 강의에서 이런 말을 했다. "제가 제일 좋아하는 것이 무엇인 줄 아세요? 바로 강의하는 겁니다. 그런데 제가 제일 싫어하는 것은 뭐게요? 바로 강의 준비하는 겁니다." 무척이나 공감되었다. 좋아하는 '강의'를 하기 위해 일과 시간 대부분을 준비 과정에 할애했지만 매일매일 강의만 하며 살고 싶을 정도로 강사로서의 일이 좋기만 했다. 강의료만으로도 적절한 수입이 유지될 무렵 강의 활동을 전업으로 하는 전문 강사로 일을 시작하였다. 하지만 조직이라는 든든한 울타리를 나와서 생기는 불안감을 없애기 위해서는 꾸준한 의뢰가 필요했다. '이제 살길은 더욱더 강의를 잘하는 것뿐이다' 그런 마음가짐은 나를 더욱 발전시키는 계기가 되었다. 강의 내용 준비가 먼저가 아니라, 그 강의를 듣게 될 사람에 집중하게 되었으니까.

세상을 바꾸는 키워드, 진정성

어느 날, 강의 하루 전 급하게 의뢰가 들어왔다. 퇴근 후 직원들을 대상으로 인사 교육을 해 달라는 내용이었다. "강사님, 다른 거 절대 하지 마시고 두 시간 동안 인사 실습만 시켜 주세요. 인사 이론 다 잘 알고요, 제가 매일매일 이론 교육을 진행했으니 강사님은 오늘 인사만 계속 시키세요."교육 담당자의 말을 들으니 궁금하기만 했다. "인사 이론 교육도 그렇게 많이 진행하시고 자체적으로 교육을 하신다는데 직원분들은 '왜' 인사를 안 할까요?"그랬더니 담당자분은 조금 언짢은 음성으로 "그러니까, 돈 주고 강사님을 섭외하는 거 아닙니까?"라고 하셨다.

말문이 막혔다. 급하게 다른 강사님을 대신하여 들어가기로 한 것이라 이제 와서 "안 하겠습니다."라고 말할 수도 없었다. 외부 강사가 들어와 다양한 교수법을 활용해 분위기 좋게 강의를 진행하였다고 치자. 그분들이 안 하던 인사를 갑자기 잘하게 될까? 마음이 열려 있지 않은 그분들을 하는 '척'하게 만드는 시간이 유익한 걸까? 강의하는 곳에 가기까지 전까지 내가 준비한 것은 오늘 만나게 될 분들에 대한 생각뿐이었다. 인사하지 않는 직원들 때문에 스트레스를 받고 있는 담당자가 아닌 고객들을 직접 대하는 직원분들을 생각했다. 왜 인사를 하고 싶지 않을까 고민하였고, 주어진 시간에 그분들의 마음을 터치하는 강의를 진행하였다. 다 일으켜 세워서 인사만 시켜 달라던 담당자분이 매의 눈으로 나를 지켜보고 계셨지만, 강의 중 많은 시간을 직원분들께 집중하였다.

이번 강의를 들으시고 추가로 더 진행할지 결정하시겠다던 담당자분께 이후 다시 연락을 받지 못했다. 그래도 나는 행복한 강의였다고 말하고 싶다. 따라 나와서 배웅해 주며 "강사님께서 내 마음속에 들어왔다 나가신 것 같아 위로가 되었습니다."라고 말해 주시는 선생님으로 인해서.

행복에 영향을 주는 것들은 매우 많다. 그중에 직업 만족도는 너무나 큰 부분을 차지하는 것 같다. 19살부터 시작한 직장생활이 어느덧 24년 차가 되었다. 지금껏 그 직업의 만족도는 회사 내 인정을 제외하곤 흡족한 점이 별로 없다. 하지만 강사 일은 그 이상의 것들을 준다. 오히려 내가 채움을 받는 일이 너무나 많기 때문이다. 배우고, 알게 되는 지식과 기술은 일부에 불과하다. 강사는 정말로 다양한 사람들을 만난다. 진로 교육을 가서 만난 초등학생에게 '꿈'에 대해 물었다. "꿈은 먹고살기 위해 필요하다."라고 대답하는 아이를 보고 절망했다. 음식점에 방문 서비스 교육을 간 나에게 "나 불친절할 거니까, 상관하지 마쇼."라고 소리 지르시는 사장님에게서 힘듦을 보았다. 도무지 수업에 집중하지 못하던 고등학생들 중 한 명이 "선생님, 애쓰지 마세요. 우린 쓰레기예요."라고 말하는 것에 충격을 받았다. 공장에서 일하시는 분들께 들으면 짜증이 나는 말과 들으면 힘이 나는 말에 대해 여쭤보았다. 들으면 짜증나는 말로 "이 깡통 새끼야.", "이 불량들아."라는 말을 하신다. 듣고만 있어도 너무 미안했다. "식사하셨어요?", "수고 많으셨습니다."라는 말을 들으면 힘이 난다는 그분들로 인해 눈물이 났다. 교도소에서 만난 어린 청년이 어릴 적 자신을 버린 아빠가 편지를 보내 주셔서 지금 이 순간이 너무 감사하고 행복하다고 말한다. 안아 주고 싶었다. 바들바들 떨면서 모의 면접을 연습하고 간절히 취업을 원하는 취업 절벽 위의 취준생을 지도하면서도 열심히 하자라는 말이 초라하게 느껴지는 현실이 원망스럽기만 했다.

그렇게 나의 강의에는 '진정성'이 담기게 되었다. 강의하는 것이 좋은 나는 앞으로도 계속 강의를 할 것이다. 100개의 폴더에는 진정성이란 엄청난 에너지를 다 담을 수가 없다. 실수로 지워지거나 삭제되지 않도록 마음에 담기로 한다. 강의하는 동안 꺼지지도 사라지지도 않도록 말이다.

　나이, 성별, 소속, 직업이 다를 뿐, 만나는 모든 분의 마음에 사랑이 있었다. 사랑의 반대말은 무관심이라고도 한다. 상대에게 관심을 가지고 들여다보면 그 사람이 진심이 보인다. 그 마음에 공감해 주는 것이 진정성이 아닐까? 진정성은 세상을 바꾸는 열 가지 키워드 중 하나라고도 한다. 세상까지는 아니어도 누군가의 마음을 얻고 싶다면, 정성스럽게 들여다보아야 한다. 그리고는 '어떤 말을 듣고 싶을까' 하고 생각하는 것이다. 이제 진심을 다해 마음을 전하자. 내가 얻고 싶은 성공, 사랑, 행복이 진정성으로 열린 마음속에 있다.

용서,
먼저 할수록
더 강해지는 이유

　인생을 살면서 우리는 수많은 선택을 한다. 하지만, 그 누구라도 스스로 선택할 수 없는 한 번의 때가 있다. 바로 태어남의 순간이다. 부모와의 만남도 그렇다. 물론 부모는 자녀를 계획할 수 있다. 시기를 고르기도 한다. 하지만 선택은 여기까지다. 어떤 아이를 만나게 될지는 아무도 모른다. 그래서 하늘의 도리로 맺어진 관계. 끊으려 해도 끊을 수 없는 관계라 하여 부모 자식 사이를 천륜이라고 하나 보다.

　나는 낳아 준 엄마에 대한 기억이 전혀 없다. 5살이 되던 해 아빠의 새 인연으로 나에게도 처음 엄마가 생긴 걸로 알고 있다. 외동딸로 자라다가 어느 날 언니와 동생까지 생기며, 새로운 가족이 만들어졌다. 내게 헌신적이셨던 엄마와 우리 가족이 좋기만 했다. 초등학교 고학년이 되었을 때, 처음으로 이상하다는 생각이 들었다. 학교에 제출해야 하는 서류에 처음 보는 이름이 나의 엄마로 적혀 있던 것이다. 그때 보았던 서류는 충격으로 다가왔다. '이 사람은 누구일까?'라는 궁금증과 함께 의도하지 않은 긴 기다림이 시작되었다. 현실에 부딪혀 자식을 두고 도망간 부모가 자식에 대한 그리움에 남몰래 학교에 찾아와 먼발치에서 바라보는 장면이나 한시도 잊은 적이 없었다고 엄마를 용서해 달라고 우는 그런 드라마나 영화에나 나오는 순간을 말이다.

결혼할 때쯤 나를 기르신 엄마가 말했다. "네가 엄마가 되고 나면, 그때는 낳아 준 엄마를 찾아보렴." 결혼도 했고, 엄마도 되었지만 난 엄마를 찾지 않았다. 물론 영화 같은 일도 일어나지 않았다. 내 삶에 아이가 함께하면서부터 한 번씩 마음 깊은 곳에서 울컥하고 밀고 올라오는 감정들이 생겼다. 그런 감정의 끝에는 얼굴도 모르는 엄마가 있었다. 나를 잘 아는 사람들은 가끔 "엄마 안 보고 싶어?", "안 찾을 거야?" 하고 묻는다. 주저 없이 "아직, 그러고 싶지 않아."라고 대답해 왔지만 그 마음이 진심인지 아닌지 나도 잘 알 수가 없다.

지금의 엄마에게 미안한 마음이 들었고, 아빠에게 물어보는 것도 불편했다. 어느 날, 예고 없이 올라오던 감정들이 매우 거칠게 느껴졌다. '나는 성인이고, 한 아이의 엄마다. 이젠 내가 누굴 찾더라도 미안해할 필요 없잖아'라고 생각하고 무작정 주민센터로 달려갔다. "저… 낳아 준 엄마를 모르는데 찾을 수 있나요? 생사라도 알고 싶어요." 서류를 떼러 왔거니 생각했던 직원은 잠시 당황한 듯했지만, 친자니 확인은 가능하다고 했다. "살아계시는데요."라는 한마디에 이상하게도 마음이 편해졌다. "아니에요. 다음에 올게요." 하고 돌아선 발이 무겁지만은 않았다. '살아 있다면 언젠가 만나게 되겠지' 기약 없는 기다림을 계속하기로 했다.

다 이유가 있겠지

"왜 엄마를 찾아야 하는 걸까?" 나의 대답은 '보고 싶어서, 그리우니까'가 아니다.

"그냥 나를 낳아 준 엄마니까."

가슴이 아려 온다. 입술로 나오는 말을 가슴에서는 받아들이지 못하는 것일까? 40년이 넘도록 모르고 살았다. 앞으로도 모르고 사는 것이 맞는 건지. 솔직히 자신이 없다. 예고 없이 가슴을 아리게 하는 이 감정을 평생 무시하고 살 자신. 그 감정과 정면으로 마주해야겠다고 마음먹었다. 나에게 질문을 했다.

1. 왜 만나야 한다고 생각해?
"부모. 두 사람을 통해 세상에 나오지만, 엄마라는 의미는 조금 더 특별하다고 생각해. 나도 엄마가 되고 보니 더욱 그런 생각이 들더군. 근본이랄까? 시작이랄까? 설명하지 않아도 다 알고 있는 그 감정. '엄마'라는 의미. 그런 이유라고 생각해."

2. 왜 먼저 찾아가지 못하는 건데?
"나를 기억하지 못하고 알지 못한다고 할까 봐 두려운 것 같아. 그런 상황에 내가 어떤 마음이 들까 가늠하기가 어려워."
"또 아직까지도 엄마가 나에게 용서를 구하러 올 날을 기다리고 있는 것도 같아. 가끔은 그런 상황을 상상하기도 했어. 엄마가 뭐라고 하는지 들어 보고 용서하겠다고 말하는 내 모습을 말이야. 하지만 시간이 갈수록 그런 일은 일어나지 않을 것 같다는 생각이 들어."

3. 왜 엄마는 너에게 용서를 구해야 하지?
"······"

항상 이 부분에서 생각이 멈췄고 다시 답답해졌다. 이기적인 마음의 소리는 '당연한 거 아니야? 너를 버렸잖아. 너를 먼저 찾지 않았잖아'라고 말한다. 버린 건지, 어찌하여 보러 오지 않은 건지 그 어떤 것도 알지도 못하면서 말이다.

기회가 닿아 참석했던 한 학회에서 강사가 주먹으로 가슴을 치며 "다 이유가 있겠지. 다 이유가 있겠지."라고 따라 해보라고 했다. 가슴을 두드리며 따라 하는데 이런 마음이 들었다. '다 이유가 있겠지. 용서를 구하러 올 거라고 기다릴 필요 없잖아. 그전에 내가 먼저 용서를 해 버리면 되는 건데……' 용서라는 단어를 떠올리며 나는 해방감을 느꼈다. 신이 용서라는 큰 단어를 쓰는 나를 본다면 우스울 수도 있겠지만, 용서는 내가 찾던 열쇠였다. 서류에 적힌 낯선 이름을 접하고부터 찌그러져 있는 것만 같았던 내 마음을 채워 줄 수 있는 해답은 용서였나 보다.

엄마가 먼저 용서를 구해야 만날 수 있다는 공식은 내 맘대로 만든 것이었다. 내가 먼저 용서했으니 언제든지 만날 수 있다는 공식으로 바꿔 본다. 그럴 만한 이유가 있어야만 할 수 있는 것이 아니다. 아무런 이유 없이도 용서할 수 있음을 너무 늦게 깨달은 건 아닐까? 영화 〈신과 함께〉를 보면 염라

대왕이 이런 말을 한다.

"세상엔 수많은 사람이 있고 그들은 모두 잘못을 저지른다. 그리고 그중 일부만이 용기를 내어 진심 어린 사과를 한다. 또 그중 정말 극소수가 진심으로 용서를 한다." 말뿐인 용서가 아니라 진심으로 용서하는 것은 결코 쉬운 일이 아닐 것이다. 성경의 오른쪽 뺨을 맞으면 왼쪽 뺨을 내주라는 가르침이 결코 쉽지 않은 것처럼. 그처럼 어려운 일을 해야 하는 이유는 바로 나 자신을 위해서이다. 누군가를 용서한다는 것은 상대방을 향한 미움에서 자신을 놓아주는 것이다. 내 사랑의 공간에 미움과 원망이 자리 잡도록 하지 않는 것. 그것이 용서의 행복이라고 생각한다.

"그대에게 잘못을 저지른 사람이 있거든, 그가 누구이든 그것을 잊어버리고 용서하라. 그때 그대는 용서한다는 행복을 알 것이다. 우리에게는 남을 책망할 권리가 없다." -톨스토이

나에게 주는 최고의 사랑

과거, 현재, 미래. 우리는 크고 작은 일들로 인해 화내고 상처 받는다. 앞모습과 뒷모습이 다른 누군가로 인해, 내 마음이 내 맘 같지 않아서. 언제든지 우리에게 일어날 수 있는 일이다. 화가 나서 씩씩거리는 나를 보시더니, 인생 내공이 높은 선배 교수님이 이야기를 꺼내신다. "전에는 나도 꼴도 보기 싫은 사람이 내가 탄 버스에 타면, 내가 내려 버렸어. 그런데 버스에서 내린 나만 다리가 아프더라고. 다시 버스도 타야 되니 시간도 더 걸리고. 결국 나만 힘들더라고. 그러니 이 사람아, 화내지 말고 흘려보내소." 그 말을 들으니 피식 웃음이 났다. 실수한 상대에게 옳고 그름을 설명하려던 행동을 멈추고 커피 한잔을 마시며 숨을 고른다. 그리고 **"미안해요. 사랑해요. 용서해 주세요. 고마워요."**라고 말한다. 조 비테일의 『호오포노포노의 비밀』에서 읽었던 네 마디 주문이다.

천륜과 인류의 관계에서 우리는 수많은 인연을 맺게 된다. 선택권이 없을 때도 있고, 잘못된 선택을 할 때도 있다. 하지만 진정한 용서는 나만이 선택할 수 있다. 상대에게 말하지 않고도 가능하다. 용서하기로 맘먹는 것은 나에게 주는 최고의 사랑이다. 쉽지 않기에 노력도 필요하지만 얼마나 빨리 용서할 것인지는 나에게 달렸다. "용서는 한 번만 하면 되지만, 누군가를 증오하는 건 하루 종일, 내일도, 평생 해야 한다." 이혁백 작가님이 올리신 글이다. 한 번 할 용서라면 묵혀 둘 필요가 없다. 'GIVERS GAIN!' 주는 자가 얻는다는 말처럼 용서를 주는 자가 되어 보자. 소중한 나를 위해서, 평생 사랑해야 할 나를 위해서.

이제 그 해답이 사랑이라면
나는 이 세상 모든 것들을 사랑하겠네

삶은
실로,
우리에게
흔적을
남긴다

김영미

작가

김영미

한 남자의 아내이자 세 딸의 엄마로 사는 평범하지만 남들은 평범하지 않다고 말
하는 곱디고운 40대 주부다.
드라마 보기가 취미이고 수다 떨기가 특기인 평범한 아줌마로 살다가 늦은 나이
에 꿈을 찾으러 나섰다. 작가가 되고자 책 읽고 글 쓰면서 공부하는 참 재미를
알게 되고 인생을 보다 의미 있게 즐기는 방법에 대해서 깨우치는 과정을 독자
와 공유 하고자 이 책을 썼다. 불우했던 어린 시절과, 살아오면서 겪은 여러 고난
의 시간들이 그녀에게 더없이 소중한 재산이라는 믿음을 갖게 되어 이제는 인생
을 보다 적극적으로 변화시키는 주인으로서의 모습을 갖춰가고 있다. 이제 그녀
는 작가가 되기 위해 글을 쓰는 것이 아니라 진짜 좋은 사람, 진정 행복한 사람이
되고자 글을 쓴다고 말한다.
이 책을 읽는 독자들 역시, 글쓰기를 통해 하나 둘 소중한 보물을 발견하는 그녀
의 인생을 통해, 오랜만에 사는 재미를 톡톡히 느낄 수 있을 것이다.

INSTAGRAM @gimyeongmi764
TWITTER @ilj74NAcMIZqiq4

ㄴ_사랑을 훔치다

　안녕하세요. 저는 꿈을 먹고사는 김 작가라고 합니다. 처음 작가가 되겠다고 집을 나섰을 때, 걸어 나온 그곳은 벼랑 끝 언저리였습니다. 언제 낭떠러지로 떨어질지 모를 일이었습니다. 글쓰기는 마지막 잡은 지푸라기 같았습니다. 끝이 보이지 않는 희망의 끈이라 생각했지만, 잡을 수밖에 없었습니다. 글쓰기를 시작하면서 쓰는 행위에 대해 생각하지 않을 수 없었습니다. 우선 그전에 한 가지 선행되어야 할 일이 있더군요. 바로 책 읽기였습니다. 책을 쓰려면 먼저 읽어야 했습니다. 저는 글쓰기에 아무 경험과 지식이 없었습니다. 베끼고 흉내라도 내려면 우선 읽을 수밖에요. 그러면서 많은 걸 배우고 깨달았습니다. 그리고 망가진 삶이 치유되어 가는 과정을 경험했습니다. 버티고 일어나고 뛸, 날아오를 에너지를 얻어

가는 과정은 놀라웠습니다. 그 이야기를 해드리고 싶었습니다. 읽고 쓰는 것은 망가진 것들을 치유해 가는 일이었습니다. 베인 상처에 연고를 바르고 반창고를 붙이며 커 가고 있는 저의 이야기가 도움이 되기를 간절히 소망합니다. 소박한 생각과 거친 입술, 서투른 손이지만, 저의 감동을 담으려 합니다. 그럼 처음 이야기를 시작하겠습니다. 바로 사랑에 대한 이야기입니다.

첫 번째 사랑은 짝사랑이었습니다

'사랑 : 어떤 사람이나 존재를 몹시 아끼고 귀중히 여기는 마음. 또는 그런 일'

사랑한다는 건 뭘까요? 내 사랑하는 이가 말하길 사랑은 희생이라고 합니다. 자신이 사랑하는 존재를 위해 자신의 것을 나눠 주고 참고 견디며 사랑하는 존재를 위해 사는 것 말입니다. 사랑은 희생이라고 명확하게 정의하는 그 사람이 부러웠습니다. 전 늘 사랑받고 싶고 사랑하고 싶었지만, 도대체 사랑이 뭔지 잘 모르겠더군요. 무조건 희생만을 하기에는 전 다소 이기적인 것 같습니다. 사랑은 모든 죄를 덮는다고도 하고 믿음, 소망, 사랑 그중에 제일도 사랑이라는데, 그 사랑이라는 것이 뭘까요? 어떻게 하는 걸까요?

　제가 세상에 태어나 제일 처음 사랑한 이는 엄마였습니다. 엄마는 항상 좋은 냄새가 났습니다. 평범한 엄마들처럼 집에서 살림을 하시진 않으셨습니다. 일을 하셨죠. 엄마가 운영하시는 미용실은 언제나 손님들로 북적였습니다. 시큰한 파마약 냄새와 샴푸 냄새, 화장품 냄새들이 가득한 그곳에선 예쁜 언니들이 온종일 머리를 하고 화장을 했습니다. 누군가에게 혹은 자신에게 아름다워 보이려 바쁘게들 움직이더군요. 그녀들의 노력은 언제나 만족을 주었습니다. 힘없이 쳐진 머리카락들이며, 생기 없이 칙칙했던 민얼굴은 어느새 활력을 얻고 환하게 빛나기 시작하곤 했으니까요. 단장을 마친 여인들은 모두 환하게 웃으며 어디론가 떠났습니다. 누군가를 만나, 혹은 어딘가에서 홀로 자신의 아름다움에 도취해 행복해하고 있었을 것입니다. 그녀들이 왜 그렇게도 열심히 단장하는 것인지 궁금했습니다.

　제 첫사랑은 아마도 짝사랑이었던 것 같습니다. 엄마에겐 언제나 좋은 냄새가 났고, 당당하게 거리를 걸어가는 엄마는 언제나 아름답고 멋졌습니다. 하지만 그런 엄마는 항상 나를 앞질러 걸어가고 나는 종종걸음으로 숨 가쁘게 걸어야 엄마를 따라갈 수 있었습니다. 한번 엄마의 온전한 관심을 받은 기억이 납니다. 시장 안에 있는 아동복 가게였는데, 엄마와 저는 그곳에서 옷 고르는 문제로 심각하게 싸웠습니다. 엄마는 저를 설득하기 시작하시더군요.

"영미야! 저기 저거! 검은색 치마에 위에 빨간색 후드 달린 거! 저거 입어 보자."

그러나 저는 레이스 달린 분홍색 원피스가 마음에 들었습니다. 그 옷을 입으면 마치 제가 공주가 될 것 같은 생각이 들었지요. 듬성듬성 레이스에 달린 보석들이 빛을 반사해 반짝거렸습니다. 나는 꼭 그 원피스를 입고 싶었습니다. 하루 종일 미용실을 들락거리며 예쁘게 단장하는 언니들처럼 나도 예쁘게 꾸미고 공주가 되면 사람들이 모두 나를 사랑해 줄 것만 같았습니다. "으응. 으응. 으응." 저는 그 두 마디와 고개 젓기만 반복했습니다. 손가락을 펴 레이스 달린 원피스를 가리키면서 말입니다. 사랑하는 엄마와 첫 전쟁을 치르는 중이었습니다. 사랑하는데 왜 전쟁을 해야 하는지는 알 수 없었지만요.

다음 날 전 검은색 치마에 빨간 후드 달린 원피스를 입고 미용실에 갔습니다. 언니들이 예쁘다고 안아 주고 뽀뽀도 해 주었지요. 내가 원했던 보석 달린 레이스 원피스는 사지 못했습니다. 결국 엄마가 원했던 옷을 입게 되었죠. 하지만, 그 옷을 입고 한동안 꽤 인기를 끌었습니다.

"와! 쟤 봐. 귀엽다. 애기가 저런 옷 입고 있으니까 너무 깜찍해."

어른이 입을 법한 옷을 입고 있는 꼬마 아가씨가 나타나면 사람들은 탄성을 질렀습니다. 뷰티 코디 마스터인 엄마의 선택은 탁월했습니다. 덕분에 한동안 동네 인기 스타 생활을 했으니까요. 내가 미용실 문을 열고 안으로 들어가자마자, 빙그르르 돌아가는 회전의자에서 빠져나온 언니들이 서로 저를 안으려고 쟁탈전을 했죠. 행복했습니다. 시트러스 꽃 냄새가 나는 언니들의 뽀얗고 통통한 허벅지 위를 옮겨 다니며 사랑을 받았습니다. 그 며칠 정말 살맛 나더군요. 하지만 유행은 빨리 잊히는 법. 새 옷 입은 꼬마 아가씨는 어느 사이 잊혀 갔습니다. 그들은 곧 다시 거울 속에 빨려 들어 가 자신을 꾸미는 일에 도취해 나를 보지 않았으니까요.

그녀들을 지휘하는 사람은 바로 엄마였습니다. 겨울나무

의 가지처럼 아무렇게나 뻗어 있던 머리카락들은 엄마가 움직이는 고데기 사이를 통과해 아름답게 부활했습니다. 빛을 받아 은은한 광들이 우아한 몸짓의 출렁임을 따라 반짝이며, 복숭아 닮은 언니의 풍만하고 높은 가슴팍을 쉴 새 없이 비벼댔습니다. 뽀얗게 더 뽀얗게, 반짝반짝. 마스터가 뿌린 마법 가루는 미용실 전체에 퍼져 문틈으로 빠져나갔습니다. 쉴 새 없이 머리를 만지고, 붓을 들어 요정처럼 그림을 그려 주셨죠. 엄마는 그녀들을 사랑하는 것 같았습니다. 엄마의 사랑으로 매일 아름다워지는 여인들은 행복해했습니다. 가지고 온 종이 돈을 엄마에게 전하며 감사하다고 했습니다. 여자들에게 행복을 주는 엄마는 신처럼 위대해 보였습니다. 손님들은 날마다 보라색 종이를 엄마에게 주었고, 엄마는 그들에게 갔습니다. 나를 돌봐 주지 않는 엄마는 마치 일하는 기계 같았습니다. 사랑받고 싶었던 저는 엄마와 손님, 돈이 미웠습니다. 그래서 결심했습니다. 그들 사이를 이어 주는 끈을 끊어야겠다고 말입니다.

스스로 도둑질을 그만두었습니다

종이들을 훔치기로 마음먹었습니다. 주고받기만 할 뿐 일단 돈 통으로 들어가고 나면 아무도 관심을 두지 않았기에 어려울 것 같지도 않았습니다. 모두가 마법에 걸려 거울 속에서 춤출 때를 노렸습니다. 북적임이 최고로 달해 모두 하나의 덩어리가 된 어느 때, 조용히 덩어리에서 분리되어 나왔습니다. 금고 안은 온통 보라색 글씨와 그림이 그려진 종이들로 가득했습니다. 저도 모르게 '와' 하고 감탄이 흘렀습니다. 순간 손을 쫙 펴 종이들을 한 움큼 쥐어 주머니에 박아 넣었습니다. 감탄과 움킴은 동시였던 걸로 기억됩니다. 그리고는 곧장 뛰었습니다. 몸을 숨기고 죄를 감추기 위해 달리고 또 달렸습니다. 언젠가 봐 둔 중앙시장 쇼핑센터로 말입니다. 건물에 도착하자마자 장난감 가게를 찾느라 멈춰 버린 에스컬레이터를 뛰어오르고 내리기를 몇 번이나 반복했는지 모르겠습니다. 숨은 점점 더 가빠지고 마음은 불안으로 채워졌습니다.

'이렇게 큰 백화점엔 분명 장난감 가게가 있을 거야' 간절함이 확신을 낳고, 확신은 결국 장난감 가게를 찾아주었습니다. 가게 앞에 서서 숨을 고르며 잠시 쉬었습니다. 그리고 천천히 미니어처 세상을 둘러보았습니다.

돈을 훔치는 날이면 달리기를 했고, 쇼핑을 했습니다. 바비, 바비 남자 친구, 아기도 샀습니다. 침대, 옷장, 욕조, 냉장고…. 하나둘 사들인 장난감으로 미용실 한쪽 쪽방을 꾸며 나갔습니다. 엄마와 아빠, 아기가 사는 작은 집을 만들었습니다. 자상한 아빠와 온화한 엄마, 그리고 그들의 사랑을 듬뿍 받고 웃는 아기. 꿈을 이루기 위해 아이는 스스로 어둠으로 들어가 칼을 들어 자신의 가슴 중앙을 찔렀습니다. 양심을 가르고 검붉은 피가 흘렀습니다. 입안 가득 비릿함이 느껴졌습니다. 매일 방 한가득 내 상처들을 늘어놓고 소꿉놀이를 했습니다. 아빠 인형을 대신해 "하하하" 웃고, 엄마 인형을 대신해 "호호호" 웃었습니다. 엄마와 손님들이 들을 수 있도록 더 크고, 슬프게 "까르르, 까르르, 까르르…" 웃었습니다.

인형의 집이 완성될수록 도둑질은 대담해지고 더욱 커다란 흉을 남겼습니다. 아무리 늘어놓고 시끄럽게 놀아도 엄마는 야단을 치지 않으셨습니다. 훔치고 또 훔쳐도 금고의 돈은 줄지 않았습니다. 마음의 상처만 깊어 갔죠. 제 눈 밑에 짙게 깔려 있는 다크서클은 모두 그때 만들어진 것 같습니다. 양심의 가책은 스스로 주는 가장 무서운 형벌이 아닐까 생각해 봅니다. 어린 나는 수렁에 빠진 듯했습니다.

엄마가 도둑질하는 나를 혼내고 바로잡아 주길 간절히 바랐겠지요. 그렇게 엄마의 사랑으로 다시 바르고 착한 아이로

성장하고 싶었습니다. 엄마는 왜 나를 야단치지 않는지, 왜 사랑하지 않는지 궁금했습니다. 화가 났습니다.

엄마에게 지워진 가장의 무게는 생각보다 무겁고, 중요했습니다. 매달 집세를 내야 하고 가족의 먹을 것과 입을 것을 해결해야 했습니다. 관심을 원했지만, 엄마는 먹이고 재웠습니다. 가족을 먹이고 재우는 일 외엔 그 어떤 것도 엄마의 관심을 사지 못했습니다. 오로지 일을 하는 것과 돈을 버는 일에만 집중하셨습니다. 그때는 몰랐습니다. 엄마는 저를 그리고 우리 가족을 사랑하고 계셨죠. 그것도 혼신을 다해서 말입니다. 허기로 허리가 꼬꾸라져 더 일을 할 수 없게 되어야 겨우, 그것도 아주 잠시 밥을 드셨습니다. 커튼으로 가려진 싱크대 한쪽 자리에 기대선 채로 멀건 김칫국에 밥을 말아 마시듯이 드시던 모습이 생각납니다. 새벽부터 찾아온 손님들로 가득했던 미용실은 밤 11시가 되어야 불이 꺼졌습니다.

관심과 사랑을 받기 위해 시작한 도둑질은 별 효과가 없었습니다. 쓰린 상처만을 더할 뿐이었죠. 하지만 상처가 낫고 돋아난 새살은 저를 단단하게 했던 모양입니다. 저는 스스로 도둑질을 그만두었습니다. 그리고 작은 도둑질도 경멸하게 되었습니다. 그 어떤 물건도 내 소중한 양심을 상처 낼 만한 값어치가 없다는 걸 알게 된 것입니다. 양심의 형벌은 가장 무섭고 효과가 탁월했습니다. 내가 제일 사랑하는 나를 위해 강하게 커 가고 있었지요.

0_사랑을 노래하다

　사람들이 흥얼거리는 유행가는 90% 이상 남녀 간의 사랑을 노래합니다. 첫눈에 반하고 열렬히 사랑하고 이별하고 그리워합니다. 동화 속 신데렐라처럼 멋진 왕자님을 만나 사랑하고 결혼해 아이 낳고 예쁜 가정을 이루는 건 꼭 사랑과 행복의 공식 같습니다. 아담의 갈비뼈를 툭 떼어 여자를 만들고 그들에게 생육하고 번성하라 명령하신 하나님 말씀 따라 그렇게들 짝짓기에 혼신을 다합니다. 여인들은 몸을 씻고 분을 바릅니다. 몸과 머리, 주머니를 부풀린 남자들은 여인들 분 냄새를 쫓아가 자신들의 것을 과시합니다. 어딘가에 있을 내 반쪽을 찾아서 모두 여행 중입니다.

두 번째 사랑은 행복인가 싶었습니다

남자들은 예쁜 외모의 여자를 좋아합니다. 그건 여자들도 마찬가지였죠. 겉모습보다 마음이 중요한 건 사실입니다만, 보이지 않는 마음보다는, 눈에 보이는 외모로 판단하기가 빠르고 쉽기에 대부분 외모를 기준으로 삼았습니다.

그 덕에 전 어딜 가든 환영을 받았습니다. 그럴듯한 겉모습 덕이라는 걸 잘 알고 있었죠. 그래서 더욱 외모 가꾸기에 빠져들었습니다.

최신 유행 화장과 머리 모양을 익히느라 잡지와 드라마를 끼고 살았습니다. 대학 졸업 후엔 조그마한 수입 잡화점을 차렸습니다. 가게 가득한 명품 옷과 가방, 장신구들로 부잣집 외동딸 부럽지 않게 사치를 즐겼습니다. 공들여 치장하고 명품으로 휘감으면, 모두 저를 부러워하고 따라 했습니다. 미용실에서 여인들을 지휘했던 엄마처럼, 저도 잡화점 주인이 되었습니다. 아름답길 욕망하는 이들이 주위에 몰려들었습니다. 제가 피리 부는 소년처럼 앞장서 가면, 사람들이 피리 소리에 홀린 아이들처럼 뒤를 따라왔습니다.

남편은 저의 화려한 외모에 반했고, 전 그의 고급스러움에 끌렸습니다. 우리는 영화처럼 사랑하고 동화처럼 결혼도 했습니다. 예쁜 아이를 셋이나 낳으며 우리의 사랑을 자랑했습니다. 우리 부부는 늘 주위의 부러움을 샀습니다. 공식에 딱 맞춰 모양을 갖추었으니 이제는 쭉 행복할 일만 남은 것이었습니다. 이것이 엔딩이라면 말입니다. 하지만, 인생은 달고 쓰고 고소했다 매웠다 하며 카멜레온처럼 변했습니다. 행복인가 싶으면 불행하고, 위기였던 일들이 기회가 되어 성공을 가져다 주기도 합니다. 행복하기만 할 줄 알았던 가정은 자주 위기를 맞았습니다. 그때마다 사랑받지 못했던 아이처럼 상대를 원망하고 슬퍼했습니다. '나를 사랑했다면 이렇게 했겠지. 지금도 날 사랑한다면 이렇게 해 줄 거야' 사랑받기만을 간절히 바랐습니다.

결혼 생활은 생각보다 행복하지 못했습니다. 남편은 제가 원했던 사랑을 주지 않았습니다. 그런 남편이 미웠습니다. 가족과 함께하는 시간보다 밖에서 친구들과 노는 시간이 더 즐거운 듯 보였습니다. 귀가가 늦어지고, 외박도 잦아졌습니다. 그때마다 남편에게 전화해 따졌습니다. 집에 돌아오면 붙들고 바가지를 긁어 댔습니다. 그리고 실랑이는 언제나 싸움으로 이어졌습니다. 언성이 높아지고 서로를 헐뜯고 비방하는 말들이 쏟아졌습니다. 행복해야 할 시간들이 고통과 좌절로 점철되며 흘러가고 있었습니다. 남편에게 사랑받고 싶어 많이 노력했습니다. 그럼에도 사건들이 쉬지 않고 터졌습니다. 그때마다 돌아오는 것은 원망뿐이었죠. 싸우고 화해하는 일이 패턴처럼 반복되었습니다. 남편에게 사랑받기 위해 해 왔던 일들은 외모 가꾸기와 다르지 않았습니다. 시간이 지나면 금세 효력이 사라졌습니다. 어떻게 해야 사랑받을 수 있는지 알 수가 없었습니다. 힘이 빠지고 희망마저 희미해져 갔습니다.

버틸 기력도 없을 때 가장 큰 위기가 닥쳤습니다. 더 이상 흘릴 눈물도 남아 있지 않았는지 그저 멍하니 거울 앞에 선 제 얼굴은 생기를 잃고 통통 부어 있었습니다. 탄력을 잃은 피부와 눈가에 깊게 팬 주름 골이 선명히 자리 잡고 있더군요. 유일한 희망이었던 아름다움이 꺼져 가고 있었습니다. 더 버틸 힘이 없어 보였습니다. 결정을 해야 했습니다. 사라지기 전에 남아 있는 시간을 위해서, 인생을 위해서 말입니다. 남은 시간은 사랑받고 싶어 몸부림치며 살아온 나를 위해 살리라 마음먹었습니다. 아무도 사랑해 주지 않았던 불쌍한 나를, 바로 내가, 누구보다 열렬히 사랑하겠다 다짐했습니다. 그리고 지금까지 사랑받으려 해 왔던 모든 일을 그만두었습니다. 스스로를 사랑하기 시작하자 어떤 것도 걸림돌이 되지 않았습니다.

'어떤 걸 좋아하나? 어디에 가고 싶을까? 누구와 함께 하고, 무얼 하며 살까?'

그동안 한 번도 진지하게 생각하지 못했던 나에 관해 묻고 답했습니다. 그리고 원하던 것들을 주고받았습니다. 내가 원하는 건 누구보다 내가 정확하게 알기 때문에 내게 주는 사랑은 언제나 정확했습니다. 사랑받는 나는 항상 완벽하게 만족할 수 있었습니다. 혼자 여행을 떠나고 스스로 말을 걸었습니다. 마음이 평온해지기 시작했습니다. 나를 위한 시간들은 언제나 즐겁고 행복했습니다. 산책을 하고 음악을 들으며 사색에 잠겼습니다. 혼자 보내는 시간은 나를 만나러 가는 길이었지요. 입은 자연스레 닫히고 책은 펼쳐졌습니다. 내게 책을 읽어 주었습니다.

드디어 친구가 생겼습니다

도둑질로 멍든 마음을 사랑으로 다독이고 쪽방에서 나오게 한 것은 다름 아닌 나였습니다.

평생을 멍에에서 벗어나게 하고, 지금까지 건강하게 자라도록 지켜주었습니다. 그때처럼 스스로를 위해 어리석은 굴레를 벗어나고자 했습니다. 남에게 사랑받으려 아무리 발버둥

친들 소용없다는 것을 이제야 안 것입니다. 스스로 사랑을 주고받으며 느끼는 만족과 완벽함에 감탄하면서도, 한편으론 헛웃음이 나왔습니다. 이렇게 단순하고 쉬운 것을 그동안은 왜 몰랐을까 하고 말입니다. 사랑받길 원했고 그것이 평생의 꿈이었지만, 언제나 이루지 못했습니다. 모든 이들에게 상처 받고 쓸쓸히 돌아서는 길이었습니다. 하지만, 마지막 남은 딱 한 명 나 자신에게 너무도 깊고 정확하며 충만한 사랑을 받고 있자니 갑자기 누군가에게 말하고 싶어 안달이 났습니다. 알고 있다면 다행이겠지만, 아직 모르는 이가 있다면 꼭 말해 주고 싶었습니다. 어딘가에서 나처럼 힘들어하고 있을 이들에게 도움이 되었으면 하고 말입니다. 그러나 말로 하기엔 어딘가 부족한 듯 느껴지더군요. 그때 들고 있던 책을 '탁' 하고 떨어뜨렸습니다. 바닥에 떨어진 책이 답이었습니다.

학창 시절 책을 참 많이도 읽었습니다. 문학소녀였다거나 취향이 고상해서 그런 건 아니었습니다. 그땐 집에서나 학교에서나 친구가 없었습니다. 보통 혼자 다니고, 가끔 혼잣말을 하는 '왕따'였지요. 혼자 동떨어진 섬처럼 어색할 땐 책을 펴고 글자들 사이에 시선을 두었습니다. 그럼 내 모습은 불쌍한 외톨이가 아니라 책에 빠진 문학소녀였죠. '문학소녀' 그 이름만 들어도 우아함이 넘치는데, 왕따에게 이만한 신분 상승이 어디 또 있겠습니까? 항상 책을 챙겨 다녀야 하는 다소 불편함도 있었지만, 안 할 이유가 없었습니다. 단순히 시선 처리를 위해 놓아 둔 그 페이지 그 줄을 따라 미끄러져 가며 글자들과 문장, 이야기가 눈으로 들어왔습니다. 하나의 이야기가 완성되어 머리로 들어가고, 느낌과 깨달음은 가슴에 남았습니다. 그리고 이야기의 주인공은 친구가 되었습니다. 외톨이에게 드디어 친구가 생긴 것이었습니다.

외로운 나와 친구가 되어 준 고마운 책, 왕따의 오명을 벗고 문학소녀로 신분 상승시켜 준 감사한 책, 그런 책을 쓰는 사람이 되는 게 꿈이었습니다. 고민할 이유도, 시간도 없었습니다. 원하는 걸 발견하면 즉시 시작하면 그뿐입니다.

V_사랑을 꿈꾸다

어떤 일을 시작하고자 하거나 무슨 직업을 택했다면, 제일 먼저 해야 할 일은 바로 공부입니다. 쓰기 전에 먼저 시작한 일은 바로 읽기입니다. 책 한 권 쓰면서 사들인 책만 해도 100권이 넘습니다. 새로 산 책을 포함해, 집과 도서관을 오가며 읽은 책을 계산해 보니 족히 200권이 훨씬 넘었습니다. 사람과 인생, 철학에 관한 진지한 공부였죠. 시험을 위해 달달 외우는 공부가 아닌 삶에 직접 접목해 해답과 깨달음을 얻는 멋진 시간들이었습니다. 한 권 쓸 때 책 100권 정도를 읽고 깨달은 진리를 담는다 치면, 그 100권 책을 읽으며 얼마나 많은 사람의 경험과 깨달음을 접하게 되는 건지 가늠조차 힘들었습니다. 실제로 공부하면서 깨우친 이치와 진리가 제 삶을 엄청나게 바꿔 놓았습니다. 범죄에 빠져 사는 사람들은 나쁜 사람들이라기보다 배우지 못해 무지하기 때문일 것입니다. 제가 그렇게 살아왔듯이 말입니다. 조금이라도 밝은 세상을 위해선 법제도나 판결, 형벌도 중요하지만, 우선 스스로 잘못을 깨닫고 멀리하도록 가르치고 교화하는 것이 우선일 것입니다. 작은 무지와 오해들이 때론 돌이킬 수 없는 참혹함을 낳기도 하니까요.

이에 대해 저는 읽었던 책 중 한 권을 먼저 소개해야 할 것 같습니다. 제가 처음 이 책에 관심을 갖게 된 것은 아주 단순한 이유였습니다. 저와 같이 특별한 선택의 기준이나 관심 분야 없이 잡독을 하는 사람들은 베스트셀러를 주로 찾아 읽거나 제목으로 책을 고릅니다. 전 이 책이 베스트셀러라는 이유 하나로 읽기 시작했습니다. 동서고금을 막론하고 언제나 베스트셀러 부동의 1위 자리에 있는 책이었습니다. 물론 이 책으로 인도해 준 돌다리는 민음사에서 출간한 그리스 로마 신화의 한 버전인 『변신 이야기』였습니다. 신들의 이야기를 읽다 보니 황당하기 그지없지만, 또한 매력적이기도 했습니다. 그래서 그다음으로 이 책에 도전해 보기로 했습니다. 어마어마한 베스트셀러이자 세계 최고의 신으로 군림하는 그 신에 관한 책 말입니다. 분량도 어마어마했습니다. 하루에 5장씩 빠지지 않고 읽어도 1년은 족히 걸리는 양이었습니다.

이다음 사랑은 없습니다

교회에 다니지도 않는 제가 성경책을 읽기 시작한 것은 멋도 모르고 까부는 아이의 행동과 같았습니다. 오랫동안 신앙생활을 한 교인 중에도 성경책을 완독한 사람은 손에 꼽을 정도라고 하니 말입니다. 당연히 읽어 가는 과정은 고행이었습니다. 도무지 무슨 말인지 이해하지 못한 채 진도만 나가다 보니 졸기 일쑤였습니다. 간혹 재밌는 부분도 있었습니다. 솔로몬이나 삼손, 모세같이 이야기로 친숙한 인물들이 등장하면 동화책 읽는 것처럼 흥미로웠습니다. 우여곡절 끝에 한 권을 모두 읽었지만, 남은 것은 물음표들뿐이었습니다. 그러나 은연중에 삶이 조금씩 바뀌는 것을 느꼈습니다. 의식의 흐름이 너무 고요하고 느리게 진행되어 인지하지 못했을 뿐이었습니다.

성경을 읽으면서 자연스레 교회 생활도 하게 되었습니다. 제가 원했던 사랑을 하나님은 주실 거라 확신했습니다. 세례를 받고 일요일은 주님의 날이라며 교회에 나가 예배를 보았습니다. 목사님 설교를 경청하고 삶의 기준으로 삼았습니다. 평일에 한 번씩 구역예배라는 모임도 가졌습니다. 십일조를 내고 성가대 봉사도 하게 되었죠. 시간이 갈수록 깊이 빠져들었고, 삶이 교회 생활 위주로 바뀌게 되더군요. 하지만, 노력하면 할수록 힘들어졌습니다. 언제나 설교 말씀엔 사랑과 용서의 메시지가 있었지만 이상하게 남편과의 사이는 멀어졌습니다. 그렇게 함께 신앙생활을 시작했던 남편은 점점 교회를 멀리했습니다. 전 그런 남편을 이해할 수 없었습니다. 남편 또한 저를 못마땅하게 여겼죠. 그로 인해 불화가 잦아지게 되었습니다. 뭐가 잘못된 것인지 알 수 없었죠. 사랑하고 사랑받으며 행복하게 살고 싶었습니다. 그래서 열심히 노력했습니다. 그럴수록 힘든 날들이 이어졌습니다. 하지만, 그런 것들은 그저 삶의 조그만 어려움쯤이라 스스로를 다독이며 참았습니다. 참고 견디면 언젠가는 행복한 날이 오리라 믿었습니다.

어느 화창한 일요일 아침, 전 늘 그랬던 것처럼, 아이들과 교회에 갔습니다. 그리고 언제나처럼 예배를 보았습니다. 목사님의 그날 설교 말씀은 조금 격양된 목소리로 시작되었습니다. 그날 신문에 소개된 동성애자들의 거리 시위에 관한 내용이었습니다. 설교가 절정으로 갈수록 가슴이 답답하고 속이 메스꺼워짐을 느껴 도중에 밖으로 나와 거리에 멍하니 서 있었습니다. 그들을 비판하기엔 저란 사람이 어쩐지 자격이 없어 보였습니다. 그저 밝은 햇살 가운데 서서 길가의 나무를 한참 동안 바라보았던 기억이 납니다. 아무 말 없이, 항상 거기 서 있는 나무가 새삼 고맙다는 생각이 들더군요. 아무 말도 하지 않고 묵묵히 서 있는 나무가 위로가 되었습니다. 상쾌한 바람이 불었습니다. 그리고 향긋한 나무 냄새가 났습니다. 내가 누구든 어떤 잘못을 했든 간에 신선한 산소를 바람에 실어 보내 주는 자연에 고마워 눈물이 날 것 같았습니다.

그날 이후로 저는 교회에 나가지 않았습니다. 교회 가는 걸 너무 싫어한 남편 때문인지, 그날 목사님 설교 때문인지는 잘 모르겠습니다. 어쩌면 이사 때문에 교회가 집에서 멀어진 까닭인지도요. 하나님으로부터 사랑받고자 누구보다 열심히 교회 생활을 했습니다. 원하는 걸 기도로 열심히 구했습니다. 성경에 쓰인 대로 살려고 노력했습니다. 그럼 모든 것이 해결되고 행복해질 거라 믿었습니다. 멀리, 그리고 아득히 먼 하늘 끝에 엄청나게 커다란 자태로 저를 내려다보시는 인자하고 전능하신 그분을 향해 간절히 기도했습니다. "저를 사랑해 주세요. 하나님!" 하나님을 직접 만난다는 놀라운 일이 저에게도 일어날 그 날을 기다렸습니다. 기다림은 길고 험했습니다. 그래서 포기해 버린 걸까요?

한동안은 교회에 나가지 않는 것이 어쩐지 죄짓고 있는 것 같아, 마음이 불편했습니다. 월요일이면 '이번 주 일요일엔 꼭 교회에 가야지'하고 다짐했지만, 일요일이 되면 지키지 못하고 자책하기도 했습니다. '집 앞 가까운 교회에 가 볼까?' 하고 방법을 바꿔 보기도 했지만, 여전히 전 교회에 나가지 않았죠. 남편이 존경하는 분이 이끄시는 작은 교회를 가 볼까도 생각했습니다. 그러나 여러 방법과 다짐들만 무성한 채로 시간은 흘러갔습니다. 그리고 서서히 무뎌지고 익숙해졌습니다. 언제 그렇게 착실한 교인이었던가 새삼 달라진 제가 놀라웠습니다. 지치고 힘들어 포기해 버린 것 같았습니다. 아무리 노력해도 여전히 핵심은 간과한 채 겉돌고 있는 느낌이었습니다. 그러나 머리에 맴돌며 가슴을 울렸던 몇몇 성경 구절들만은 오래도록 기억에 남아 생각하고 고민하게 만들었습니다.

나를 낳아 주신 엄마, 원래의 내 반쪽 남편, 세상과 나를 만드신 하나님, 모두에게 실망했습니다. 그들을 원망하고 좌절했습니다. 그렇게 갈 곳을 알지 못하고 방황만 했죠. 화가 났습니다. 손톱 주위 굳은살을 피가 나도록 뜯었습니다. 염증으로 붓고 아렸습니다. 애정 결핍 증세로 손가락을 빠는 아이 같이 안절부절못했습니다. 엄마에게 화를 내고 모진 말을 했습니다. 남편과는 이혼하고 내 삶을 살고자 마음먹었습니다. 교회보다는 세상의 기준과 이치에 맞게 살려고 노력하기 시작했습니다.

'그러려면 무엇보다 많은 돈을 벌어야 해. 거기다 명성도 있어야 하겠지. 수단과 방법을 가리지 않고 성공할 거야. 누구보다 나부터 생각하고 나를 위해서만 살자. 아무도 나를 사랑해 주지 않는다면, 내가 차고 넘치게 사랑할 수밖에' 그렇게 혼자만의 사랑이 시작되었습니다.

꿈을 찾아 여행길에 오릅니다

많은 사람이 가족을 위해 꿈을 포기하고 현실과 타협하며 살아갑니다. 가족을 위해 그리고 타인의 이익을 구하며 사는 것을 미덕으로 여기며 지향합니다. 하지만, 그 강조와 외침의 근본이 그에 반대되는 인간의 기본 성향을 말해 주기도 합니다. 인간이란 원래 이기적인 존재입니다. 남을 돕고 희생하는 고귀한 마음 이면에는 이기적인 이유가 있습니다. 시간과 노력, 물질을 베푸는 행위로 인해 얻어지는 기쁨이 더 크기 때문입니다. 자신이 왠지 좋은 사람이 되어 간다는 자부심은 생각보다 어마어마한 에너지를 만들어 냅니다. 신의 가르침을 실천하며 신이 되는 것을 느끼게 되니까요. 어린 나는 돈을 훔치고 마음에 상처를 입어 힘들어했지만, 스스로 벗어나 단단한 아이가 되었습니다. 어른이 되어 누군가를 돕고 싶다는 생각이 들었습니다. 그렇게 시작한 '쉼터' 봉사 활동으로 나는 많은 것을 느끼고 배웠습니다. 무엇보다 나 자신이 아주 고귀하고 특별하게 여겨졌습니다.

왜 책을 읽고 공부를 하는 걸까요? 요즘 최고의 화두는 '인문학'입니다. 쉽게 말해 사람을 위한 학문이라 말할 수 있습니다. 사람의 도리에 관한 것이지요. 올바름, 믿음, 희생, 봉사 등등 듣기만 해도 기분 좋은 단어들 말입니다. 그 모든 것들을 가능하게 만드는 한 가지는 바로 '사랑'입니다. 사랑이 그 열쇠죠. 사람이 밥만 먹고사는 동물이라면, 돈만 있으면 모두 해결된다면 세상에 자살하는 사람은 한 명도 없을 것입니다. 자살은 살인 중에서도 가장 잔인하고 비극적인 최악의 범죄입니다. 그들은 하나같이 이기적이지 못했습니다. 오히려 자신을 탓하고 낮추다 비극을 맞은 것입니다. 자신을 조금이라도 사랑했다면 일어나지 않았을 일이지요.

나를 사랑하는 최고의 방법은 꿈을 찾아 여행을 떠나는 것입니다. 꿈을 향해 가는 길은 무거운 현실 가운데에도 발걸음을 가볍게 하더군요. 공부가 그토록 재밌고 행복할 줄은 상상도 못 했습니다. 읽고 또 읽고, 생각하고 느꼈습니다. 조용히 음악을 들으며 희미한 봄 냄새를 맡았습니다. 머리가 맑아지고 가득 채워지는 가슴을 느꼈습니다. 그 뭉클하고 뜨거운 느낌을 하나하나 적어 가면서 작가가 되어 간다는 생각에 가슴이 벅차 눈물이 나더군요. 돈 많이 버는 베스트셀러 작가가 되고 싶었습니다. 시간이 갈수록 진가를 발하는 스테디셀러가 되기를 바랐습니다. 다음 세대에도 또 그 후대에도 살아남아 내가 태어나 살다 간 흔적과 가치를 남기고 싶었습니다. 불 꺼진 방, 울고 있는 자신을 버리고 떠나려는 이에게 지푸라기만 한 도움이라도 되기를 간절히 바랐습니다.

누가 봐도 멋지고 폼 나는 작가가 되는 것이 꿈이었습니다.

제가 사랑하는 저는 사랑을 받으면 받을수록 깊은 사랑에 빠졌습니다. 갈수록 이기적으로 변해 갔습니다. 욕심은 점점 꿈을 부풀렸습니다. 작가가 되기 위해, 좋은 작가가 되기 위해서는 무엇보다 '좋은 사람'이 되어야 했습니다. 미친 듯이 책에 빠져들었습니다. 시대와 공간을 초월한 이들이 공부하고 얻은 깨달음을 담은 책들을 읽고 또 읽었습니다. 저를 보지 않던 엄마, 저만을 사랑해 주길 바랐지만 그렇지 않았던 남편, 제 기도를 듣고만 계시는 하나님. 저를 실망시키고 제게 상처를 주었던 모든 사람의 이야기가 거기에 있었습니다. 제 안에 가득했던 의심들과 오해가 하나둘 풀려 나갔습니다. 그들을 이해하기 시작했죠. 마음을 무겁게 누르던 것들이 사라졌습니다. 원망과 미움이 사라진 자리에 용서와 화해가 자리 잡아 갈수록 행복해지더군요. 제가 흔들릴 때마다 강하게 잡아 준 것은 아이들이었습니다. 저를 꼼짝 못 하게 가두는 철벽처럼 느껴질 때도 있었지만, 지나고 보면 아이들 덕분에 위기를 넘겼다는 걸 깨달았죠. 천사처럼 평온히 잠든 세 아이를 찬찬히 보았습니다. 어리고 약한 아이들이 어찌도 그렇게 단단히 나를 잡아 주었을까요?

　일하시는 엄마를 종일토록 기다리던 어린아이가 생각났습니다. 입고 싶었던 원피스를 사 주지 않아도, 봐 주지 않아도, 떠나갔어도, 아이는 언제나 엄마를 사랑했습니다. 얕은 숨소리를 내며 잠들어 있는 제 아이들이 언제나 저만을 사랑해 주었다는 걸 깨달았습니다. 바보처럼 스스로 상처 내고 방황하던 시간들을 묵묵히 지켜 준 아이들이 새삼 커 보였습니다. 사랑받고 있음에 가슴이 벅찼습니다. 그동안 엄마와 아빠 때문에 힘들어했을 생각에 마음이 아파서 밤새 울었습니다. 소리 죽여 아프고 저리게 말입니다. 눈물에 모든 것들이 씻겨 나갔습니다. 원망과 미움, 슬픔들이요.

　특별한 계기는 없었습니다. 한마디 사과의 말도 없었습니다. 자연스럽게 전화를 했습니다. "여보! 전에 가자던 일본 여행 가자." 언제 깨질지 모르는 불안한 사이였던 때문인지 남편은 여러 가지 말을 했습니다. 여행 가기 힘든 이유를 장황하게 설명하더군요. 하지만, 화가 나거나 서운하지 않았습니다. 오히려 당황하며 변명을 늘어놓는 남편의 목소리에 웃음이 났습니다. 이상하지만, 그 변명들이 꼭 가고 싶다는 말로 들렸습니다. 그리고 몇 시간 후 다시 전화가 왔습니다.

"그럼 다음 주에 가자. 할 일들 정리 좀 하면 다음 주쯤 갈 수 있을 거야."

당황했던 마음을 추스르고, 생각을 하고, 이리저리 따져서 결론 낸 후에 온 전화였습니다. 제 예상대로 말입니다.

여행은 참 즐거웠습니다. 오랜만에 뜨겁게 사랑을 했습니다. 차갑게 식어 버려 온기조차 느낄 수 없었는데 말입니다. 지금까지는 경험하지 못한 새로움이었습니다. 마음을 열고 그를 받아들였습니다. 온몸이 땀으로 범벅되어 숨을 헐떡인 적은 처음이었습니다. 서로의 에너지를 나누었습니다. 편안히 잠든 남편이 안쓰러웠습니다. 아이처럼 말입니다. 학교가 끝나고 집에 돌아오면 늘 혼자였다고 했습니다. 아랫목 이불속에서 공깃밥을 꺼내, 김치 반찬 하나로 밥을 먹는 꼬마가 보였습니다. 유일한 친구는 텔레비전이었다고 했습니다. 엄마를 기다리다 지쳐 잠든 아이가 얼마나 무섭고 외로웠을까? 찡하게 가슴이 아파 왔습니다.

진한 감동이 오면 쓰게 됩니다. 순간이 지나면 금세 잊히고, 의미를 잃어버립니다. 기록하여 두었다가 언제든 펼쳐서 감동을 재생하고 싶었습니다. 망각의 세월에 작은 이정표를 두어 길을 잃지 않기 위해서 말입니다. 잠든 남편과 달리 잠이 오기는커녕 의식이 또렷해짐을 느꼈습니다. 다행히 가까운 곳에서 메모지와 볼펜을 찾을 수 있었습니다. 그리고 적었습니다. 어떤 말을 어떻게 할지 고민할 틈도 없이 물 흐르듯이 이야기를 지어냈습니다.

E_사랑을 만나다

　모두에게 사랑받고 싶어 하는 아이가 살았다. 아빠는 다른 여자와 사랑에 빠진 듯했고, 엄마는 일을 사랑하는 것 같았다. 할머니의 사랑은 오직 오빠였고, 꼭 자신을 사랑해 줄 거라 믿었던 언니는 사랑을 찾아 세상으로 나가 버렸다. 아무도 자신을 사랑하지 않는 것 같아 속상하기도 하고, 누군가의 관심이라도 끌고 싶어서 돈을 훔치고, 말썽도 피웠다. 하지만, 돌아오는 사랑도 돌아오는 관심도 없었다. 그래서 생각했다. '세상 밖에는 나를 사랑해 줄 사람이 있을지도 몰라'

　아이는 자라 소녀가 되었다. 그리고 넓은 세상으로 나갔다. 이곳저곳, 이 사람 저 사람, 사이사이를 뒤지고 뒤지며 자신을 사랑해 줄 사람을 찾아다녔다. 시간이 흐르고 사랑 찾아

떠나온 여행은 조금씩 희망을 잃어 갔다. 허무하게 세상 속을 터덕터덕 걸었다. 어깨를 늘어뜨리고 고개는 떨군 채로. 그러다 우연히 자신과 똑같은 소년을 만났다. 둘은 어쩐지 서로에게 사랑을 받을 수 있을 것 같았다.

"우리 같이 집을 짓자."

집은 울타리도 있고 부엌과 침실, 그리고 욕실도 있었다. 귀여운 동물들도 있었다.

'그리고 이제 이것들로부터 사랑만 받으면 돼' 소녀는 매일매일 집 안 샅샅이 자신에게 사랑을 줄 무언가를 찾고 또 찾았다. 하지만, 여전히 자신을 사랑해 주는 것을 찾을 수 없었다. 시간은 가고 초조함만 남았다. 화가 났다.

"왜 아무도 내게 사랑을 주지 않는 거야? 왜? 왜?"

화내고 소리치자 울타리는 부서지고 부엌엔 곰팡이가 슬었다. 침실은 싸늘했고 욕실은 악취가 진동했다. 동물들은 병들고 소년까지 미워졌다. '세상에 나를 사랑해 줄 사람은 하나도 없어' 소녀는 너무 슬퍼서 다시 어깨를 늘어뜨리고 고개를 숙인 채 거리로 나왔다. 그리고 터덕터덕 걸었다. 걸음은 점점 어두운 길로 향했고 마지막 한 걸음이 낭떠러지에 다다랐을 때, 빛의 얼굴을 한 사람이 보였다.

그 주위는 빛으로 밝혀져 있었다. 소녀는 그에게 걸어갔다.

"당신은 혹시 많은 사람에게 사랑받고 있나요? 얼굴이 온통 환한 것이 행복해 보이시네요."

그는 소녀를 물끄러미 바라보기만 했다. 그리고 한참 뒤 미소를 지었다.

"당신은 아직 사랑에 대해 알지 못하는군요."
"네?"
"저보고 사랑받고 있냐고 물으시니 말입니다."
"사랑받지 않고서 어떻게 그렇게 행복하시겠어요."
"그대여! 사랑은 받는 것이 아닙니다. 단지 줄 뿐이지요. 받을 수는 없는 것입니다. 저는 사랑을 주고 있어서 행복한 것입니다."
"어째서 사랑을 받을 수 없다고 하시나요? 사랑은 주기도 하고 받기도 하는 것 아닌가요?"

"혹시! 잠시 눈을 감아 보시겠어요?"

"이렇게요?"

"뭐가 보이시나요?"

"아무것도 안 보이죠, 당연히."

"그럼 떠 보시겠어요?"

"네."

"뭐가 보이세요?"

"내 앞에 당신. 그리고 산, 들, 꽃들… 아까 본 것들 모두 보이네요."

"맞습니다. 당신이 눈을 떠서 보이는 것들은 눈을 감으면 사라지고 없는 허상들입니다. 당신 인생에 있어 당신 외에는 그 어떤 것도 실체가 없습니다. 그것들은 오로지 당신에 의해서만 존재하고 사라집니다. 당신 인생은 당신이 주인공이기 때문입니다. 사랑을 줄 수 있는 존재는 당신이 유일합니다. 당신이 주인이고, 주체이고, 실재이기 때문에 당신만이 사랑을 줄 수 있습니다. 당신이 사랑을 받는다고 생각한 것은 사실 당신의 사랑이 흘러갔다가 다시 당신에게로 돌아온 것일 뿐이지요. 그것이 바로 '주인' 그리고 '지배자'의 능력입니다."

"그럼 지금 당신도 허상인가요?"

"아닙니다. 저는 바로 당신입니다. 당신 안에서 당신과 함께 있었습니다. 당신이 방황하고 있기에, 그리고 간절히 원했기에, 이렇게 당신 앞에 섰습니다."

"그럼 혹시 신이신가요?"

"그렇습니다. 저는 신입니다. 신은 당신 안에 있는 그것이 기도 합니다."

"그럼 저는 지금까지 그런 것도 모르고 바보같이 살았던 거군요."

"그렇지 않습니다. 살면서 경험으로 배우고 계셨던 겁니다. 받는 사랑은 그 어디에도 없다는 것을 말이지요. 그걸 깨달아 야만 지금 저의 말을 이해할 수 있습니다."

"그럼 저는 이제 뭘 해야 할까요?"

"이제 돌아가서 누구에게나, 아무것에나 사랑을 주십시오. 그럼 가슴이 따뜻하게 데워지고 머릿속엔 구름이 피어오를 것입니다."

소녀는 집으로 돌아왔다. 마당 한쪽에 무너진 울타리가 보 였다.

"울타리야. 미안해. 내가 잘 몰랐어. 용서해 줘. 그리고 사 랑해. 그동안 집을 지켜 줘서 고마워."

그리고 무너진 나무를 세우고 울타리를 고쳤다. 그러고 보니 울타리가 전보다 더 튼튼하고 높아 보였다. 왠지 자신을 지켜 주겠노라 말하는 것처럼 늠름하게 서 있었다. 소녀는 침실과 부엌, 화장실에게도 사랑을 주었다. 그러자 부엌은 향기로운 음식으로 허기를 채워 주고, 침실은 아늑하고 따뜻하게 피곤함을 풀어 주었다. 욕실은 더러움들을 씻어 반짝반짝 빛을 냈다. 그런데 참 놀라운 것은 동물들이었다. 소녀가 그들에게 사랑을 주자 소녀에게 말을 하는 것이었다.

"엄마, 엄마, 엄마."

그리고 엄마를 세상에서 제일 사랑한다고 말했다. 처음이었다. 누군가에게 사랑한다는 말을 들은 게 말이다. 소녀는 엄마가 되었다. 엄마가 된 소녀는 소년에게 갔다.

"사랑하는 그대! 고개를 들어 나를 봐요."

소년은 고개를 들고 소녀를 보았다.

"당신은 누구신가요?"
"예전에 당신이 알던 소녀는 가고 이제 엄마가 되었습니다. 또한 당신을 사랑하는 여자이기도 합니다."

소녀는 여자가 되었다. 그리고 소년과 입을 맞췄다.

"당신을 사랑합니다."

소년은 늘어뜨린 어깨를 펴고 고개를 들었다. 강하지만 부드러운 남자의 얼굴이었다. 남자는 두 팔을 벌려 여자를 안아주었다.

여자는 행복했다. 아무리 노력해도 이룰 수 없었던 꿈이, 이제는 마음만 먹으면 언제든 이룰 수 있는 꿈이 되었기 때문이다. 여자는 문득 거울 속 자신을 보았다. 눈가엔 주름이 늘고 머리는 희어졌지만, 행복하게 웃고 있었다. 그 어느 때보다 아름다웠다.

이제 그 해답이 사랑이라면
나는 이 세상 모든 것들을 사랑하겠네

당신에게
보내는
러브레터

조안이혜

작가
조안이혜

·

"고맙습니다. 사랑합니다. 감사합니다."

하는 일마다 눈에 띄는 추진력과 열정으로 괄목할 만한 성과를 이루어 낸 전략 기획자이자 1day 디자이너. 오랜 기간 서비스 기획을 하다 사람에게 가까운 일을 하고 싶어 전략 기획, 해외 마케팅, 마케팅 총괄, 세일즈, 도서관으로까지 자리를 옮기며 독특한 커리어를 쌓았다. 2017년 문화예술단체 〈레벤운트트라움〉의 수장이 되어 문학과 음악을 주로 한 실험적인 프로젝트를 꾸준히 실행하여 왔고, 동시에 영상 마케팅 회사인 AMC커뮤니케이션의 미디어 연구소 연구원으로써 데이 디자인(day-design) 프로그램 〈미라클베이〉를 연구, 운영하고 있다.

사업 첫해, 그녀는 부도 직전의 사업, 주변 사람들과의 관계 악화, 이혼 위기까지 간 부부 관계가 겹쳐 심각한 공황장애를 앓았고, 결국 몸과 마음을 지배하던 고통은 한 번에 폭발하기에 이르렀다. 살기 위해 아무런 계획 없이, 호기롭게 아이 둘만을 데리고 무작정 14일간의 전국 여행을 감행하였고, 아이러니하게도, 여행을 통해 이제껏 고통스러워했던 모든 이유로부터 해방되는 기쁨을 맛보며 삶과 성공의 법칙을 깨달았다. 이 때부터 본격적인 사업가로서의 굵직한 행보들을 시작하였고, 보따리가 풀리듯 쏟아지는 소재들을 모아 집필 활동까지 감행하며 작가라는 제 2의 인생을 시작하였다. '사랑으로 가득 찬 세상에 감사할 수밖에 없다.'는 그녀는 기업과 단체를 대상으로 한 다양한 강연과 퍼스널 카운슬링을 통해 수많은 사람들과 만나고 있으며, '인식 전환-실행-연결'로 구성된 〈미라클베이〉 프로그램을 통해 사람들에게 용기와 희망을 주는 행보를 이어가고 있다.

BLOG http://joan2hye.net
FACEBOOK https://www.facebook.com/joan2hye
INSTAGRAM @joan2hye
E-MAIL joan2hye@gmail.com

지금의 현실이 너무 힘들다면,
나는 당신에게 이렇게 얘기 해주고 싶어요

2018년 12월 14일, 통계개발원에서는 〈한국의 사회동향 2018〉을 발간하고 최근 1년 동안 우리 사회에서 볼 수 있었던 다양한 모습들을 통계를 통해 반추했다. 보고서 곳곳에 드러난 통계 결과들은 '녹록지 않은 세상살이'를 뜨겁게 반영하고 있었다. 통계 데이터에 의하면, 평일 하루에 가족이나 친척, 그 외 사람들과의 접촉이 없는 이들의 비율이 4년 전인 2013년에 비해 6.1%나 증가했다. 만 15세 이상을 대상으로 하는 주요 국가의 행복 지수 역시 중국, 홍콩, 터키, 헝가리에 이어 23개국 중 19위를 차지하였다. 이는 행복 선진국으로 불리는 핀란드, 노르웨이, 덴마크 등 북유럽 국가들을 선망하는 최근의 사회 분위기가 반영된 결과였다. 기대 수명 역시 1970년 62.3세에서 2016년 82.4세로 크게 늘었지만, 60세 이상 국민의 삶의 만족도는 전 연령대 중 가장 낮은 것으로 기록되어 준비되지 못한 노후의 짙은 그림자를 엿볼 수 있었다. 더욱 암울한 것은, 2013년 이후 전 연령대의 삶의 만족도가 계속해서 낮아지고 있다는 사실이다. 특히 20대의 하락 폭이 크게 나타나며 삶의 고단함이 청년 세대에게까지 깊이 파고들었음을 한눈에 확인할 수 있었다. 통계로 확인한 현재의 대한민국은 그야말로 '고난의 시간'을 걷고 있었다.

사랑은 발견에서부터 시작한다

삶의 괴로움은 시대를 막론하고 존재했다. 데이터를 집계할 수 없었던 그 옛날에도, 하루가 멀다고 벌어지는 전쟁은 대부분의 국민을 생과 사의 갈림길에 서게 했다. 전쟁이 잠잠해지면, 가난을 이겨 내기 위해 고군분투해야 하거나 전염병의 마수에서 벗어나기 위해 몸부림쳐야 했다. 인류가 직립 보행을 하고 역사라는 것이 시작된 이후, 모습과 크기를 달리해온 고통은 늘 그렇게 인간과 함께했다. 이러한 사실들을 볼때, 삶이라는 것은 고통을 동반하는 것이 분명하다.

그런데도 인류가 삶을 포기하지 않고 살아갈 수 있는 이유는, 위와 같은 지표들로는 집계할 수 없는, 눈에 보이지 않는 것들의 힘이 있기 때문이라고 믿는다. 진짜로 이 세상을 운용하는 것은 여러 페이지로 나뉘어 보고된 수많은 통계 데이터에는 나타나지 않는다. 알아챈 자에게만 보이는 진실이기 때문이다.

알아챈다는 것은 무엇일까? 없는 것을 알게 되는 것은 발명이라 하고, 있는 것을 알게 되는 것은 배움이라 한다. 알아챔은 이러한 발명과 배움의 중간 즈음에 있다. 세상 사람들이 알건 모르건 그대로 존재하지만, 다른 사람을 통해 배울 수는 없기 때문이다. 오로지 자신의 힘으로 깨달아 내는 것, 그것이 세상을 움직이고 있는 위대한 힘을 알 수 있는 유일한 방법이다. 눈에 보이지 않는 세상의 움직임을 알아챈 사람은 그것을 믿고 실천하며 산다. 세상은 자신이 믿는 대로 흘러간다. 세상을 고통이라 믿는 사람은 한없이 고통스러운 세상을 맞이하게 되고, 세상을 기쁨이라 믿는 사람은 한없이 기쁜 세상을 만끽하게 된다. 그렇게 주어지는 것이 아니라, 그렇게 바라보기 때문이다. '삶을 어떻게 바라볼 것인가'에 대하여 작가 박이철은 『청소부가 된 어린왕자』라는 탁월한 작품으로 깨우침을 주었다. 이를 그대로 인용해 본다.

"왜 그렇지? 도대체 왜 그렇지? 세상의 모든 것에는 가치가 있어. 그래서 시장에서 그 가치만큼의 돈을 주고 사는 거지. 그런데 왜 너는 시장에서 말 한 마리의 가치가 있는 것을 세상 어떤 것과도 바꿀 수 없다고 하는 거지?"

여자가 대답했습니다.

"그건 잘 모르지만, 이 반지에는 남편의 사랑이 담겨 있기 때문이에요."

어린왕자가 말했습니다.

"너는 그 반지를 말 한 마리의 가치로 느끼지 않고, 남편의 사랑의 가치로 받아들이는구나. 그러니까, 가치는 주는 사람의 사랑과 받는 사람의 감사의 깊이로 정해지는 것이로구나."

여자는 고개를 끄덕였습니다.

여인에게 바뀐 것은 아무것도 없었다. 여전히 그녀에게는 말 한 필의 가격이면 살 수 있는 반지 하나가 손가락에 끼워져 있을 뿐이었다. 하지만 어린왕자와 이야기를 나눈 후, 이 여인이 느끼는 반지의 의미는 완벽하게 달라졌다. 그녀는 대화를 통해 반지에 담겨 있는 가치를 알아챘다. 말 한 필 가격으로 알고 있던 반지는 말 두 필로도 바꿀 수 없는 남편의 사랑이 되었다. 이제 그녀에게 반지는 더 이상 그냥 반지가 아니라, 세상의 그 어떤 것과도 바꿀 수 없는 사랑의 증거다. 그냥 의미를 알아차렸을 뿐인데도 작은 반지 하나가 큰 가치를 갖게 된 것이다.

우리의 삶도 다르지 않다. 눈으로 보이는 세상은 바뀌지 않을 테지만, 그 밑으로는 거대한 힘이 흐르고 있다. 그것을 알아채고 나면, 여태껏 알고 있던 세상이 그 세상이 아니요, 지금껏 느끼던 고통도 극복할 수 있는 것임을 깨닫게 된다. 세상을 바라보는 눈과 태도가 완전히 달라진다. 그리고 그로 인해 상상할 수 없었던 삶을 누리게 된다. 나는 이제부터 당신 손을 잡고, 눈에 보이지 않는 그것을 함께 확인하려고 한다. 통계에서 드러난 고통에서 비켜나 진정한 행복의 세계로 날아가기 위해서.

나는 이제
행복해지고 싶다고
말하지 않는다

　몇 년 전까지만 해도 나의 꿈은 행복해지는 것이었다. 얼마나 이 꿈을 확신했었는지, 새롭게 직장을 구해야 하는 면접 자리에서조차 행복해지는 게 꿈이라며 사뭇 진지하게 대답했었다. 그때 나의 행복은 참으로 단순했다. 배가 고플 때 배를 채우는 것이 행복이었다. 취직하지 못하고 있을 때 취직하면 그것이 행복이었고, 결혼하기 전에는 결혼만 하면 그것이 곧 행복이라 여겼다. 나의 행복은 자주 그 모습을 바꿨다. 목표한 바를 이루어야 행복이라 했다가, 여의치 않으면 이루지 않아도 충분히 행복하다 했다. 마음대로 귀와 코를 바꿔 가며 걸다 보니, 그 결과가 무엇이건 만족할 수 없었다. 우유부단한 나의 행복은 무엇을 해도 아쉬웠고, 언제부턴가 찰나의 나를 위로하기 위한 수단으로 전락했다. 나중에는 그나마 해온 역할조차 할 수 없게 되면서, 더는 행복이 무엇인지 알지 못하게 됐다.

행복해지고 싶었는데, 그것이 무엇인지 몰랐다. 무엇인지 모르니 가질 수도 없었다. 행복을 바랄 수도, 꿈꿀 수도 없었다. 나에게 행복이란 요원하고 감 잡을 수 없는 몽상일 뿐이었다.

마치 온몸의 감각 세포들이 모두 사라져 버린 것처럼, 그 어떤 것에도 충만한 기분을 느끼지 못했다. 살면서 보고, 듣고, 느끼는 것들이 모두 그저 그랬다. 행복하지도 않았지만, 그렇다고 딱히 엄청 불행한 것도 아니어서 '사는 건 다 이런 건가 보다'라며 자위했다.

능동적으로 행복을 찾아 나서지 않은 나의 오만은 기어이 삶의 괴로움을 불러왔다. 한동안 나는 잡음이 없는 삶이 행복이라 여겼다. 그 누구와도 부딪히고 싶지 않았고, 언쟁이 생기는 것은 더더군다나 싫었다. 내 마음이 어떻든 간에, 눈으로 보기에는 평화롭고 고요했으면 좋겠다고 생각했다. 그리고 이를 위해 투쟁하듯 살았다. 철저히 나의 마음은 스스로에 의해 무시당했고, 아슬아슬하게 유지되어 오던 평온은 결국 가장 가까운 사람의 작은 두드림에 의해 깨져 버렸다. 나는 그 일로 인해 지금까지도 온전한 일상으로 돌아오지 못하고 있다.

행복은 절대적이어야 한다. 그것은 누구나 인정할 수 있고, 누구나 가질 수 있는 평범하고 평등한 것이어야 한다. 과연 그런 것이 이 세상에 존재하기는 하는 것인지, 절대 바뀌지 않고 무한하며 완전무결하기까지 한 것이 있을 수 있는 것인지 알고 싶었다. 아니, 알아야만 했다.

정답부터 말하면, 그것은 분명하게 존재한다. 심지어 나와 당신의 가장 가까운 곳에 있다. 삶의 가장 요원한 곳부터 가장 내밀하여 나밖에 모르는 곳까지 온통 그것이 존재한다. 그 이름은 바로 사랑이다.

앞서 보았던 어린왕자의 예처럼, 겉으로 드러난 삶의 모습은 세상의 일부분일 뿐이다. 보이는 것들 밑에 가려져 우리가 미처 발견하지 못한 세상의 또 다른 모습, 그것은 사랑이다. 이제 비로소 우리는 그 사랑을 눈치 채고 있다. 나라는 존재가, 한 생명으로 태어나 지금에 이르기까지 얼마나 큰 사랑을 꾸준하고도 엄청나게 받아 왔는가를 깨달아 가려 한다. 그 어떤 순간에도 나와 함께했고, 그 크기와 깊이를 가늠조차 할 수 없는 어마어마한 사랑, 그 거대함을 이제는 우리가 알아차릴 때가 왔다. 행복은 그 사랑을 알아차린 사람들이 갖게 되는 특권이다. 행복하려면 세상에 두루 드리워진 사랑의 증거를 발견할 수 있어야 한다. 그래야만 눈에 보이는 통계의 수치들에도 흔들리지 않는 행복을 가질 수 있기 때문이다.

"겁쟁이는 사랑을 드러낼 능력이 없다. 사랑은 용기 있는 자의 특권이다." -마하트마 간디

세상의 좋은 것들은 모두 에너지를 가지고 있다. 사람도 마찬가지여서, 자기 안에 있는 유한한 에너지를 얼마나 중요한 곳에, 어떻게 효율적으로 사용하는가가 삶의 질과 방향을 결정한다. 삶의 질을 비옥하게 유지하고, 올바른 방향을 향해 에너지를 쏟으려 노력하는 이에게 찾아오는 결과 중 하나가 행복이다. 이런 얘기를 하면, 종교적인 얘기이거나 혹은 믿기 힘든 허상을 얘기하려는 게 아니냐고 묻는 이들이 있다. 지금 당신 마음에도 그러한 질문이 들어섰다면, 나는 단호히 그렇지 않다고 대답하겠다. 나는 종교적인 이야기를 하려는 것도, 허무맹랑한 것을 주장하려는 것도 아니다. 사실 그대로 세상에 펼쳐져 있는 것들, 당신이 맨몸으로 이 세상에 나와 지금까지 받아 왔던 것들을 그저 정리하고 요약하여 당신 역시도 일상에서 이를 느끼며 행복하게 살기를 권유할 뿐이다.

사랑의 증거

    우리는 지금, 이 순간에도 세상으로부터 어마어마하게 큰 사랑을 받고 있다. 그 사랑 속에서 우린 숨 쉬며 살아간다. 나도 그렇고, 당신도 그렇다. 이것은 누구도 피해 갈 수 없는 인간의 아름다운 숙명이다.

    나는 지독하게 아픈 후에야 이 같은 섭리를 알게 되었다. 그 후 나는 더 이상 외롭지 않다. 유독 감정 기복이 심하고 외로움을 잘 타는 나였다. 여럿이 함께 있어도 툭 하면 외롭기 일쑤였고, 이런 나의 감정이 때론 부담스럽기까지 했다. 그런 내가 사랑의 존재를 알고서부터 외롭다는 감정을 잊게 됐다. 외로움을 잊게 되었다는 것은 외로운 감정이 찾아들지 않는다는 것이 아니다. 외로움이 찾아와도 그것이 곧 세상의 사랑으로 대체된다는 뜻이다. 현대 그리스 문학을 대표하는 소설가이자 『그리스인 조르바』로 잘 알려진 작가 니코스 카잔차키스는 **"나는 혼자가 아니다. 낮 동안의 빛이라는 위대한 힘이 내 편이 되어 싸우고 있다"**고 했다. 어디 낮 동안의 빛뿐이겠는가. 세상에 드러나고, 드러나지 않은 수많은 것들이 나의 낮과 밤을 함께하고 있다. 그러니 도무지 외로울 수 없는 것이다.

    이제부터 당신과 나는 세상에 널린 사랑의 증거들을 찾아낼 것이다. 우리가 사랑의 증거를 찾아내려고 하는 것은, 위에서도 언급했던 것처럼 우리의 행복을 되찾기 위해서다. 되찾는다는 의미는 행복이 원래 우리 것이었음을 말한다. 망각은 슬프고 아픈 기억을 지워 주기도 하지만, 보이는 것들에게 밀린 우리의 사랑 역시 지워 내고 말았다. 우리는 이렇게 지워진 기억을 되살려야 한다. 그리고 삶 속에서 한순간도 잊지 말아야 한다.

사랑이 대체 무엇일까? 답은 생각보다 단순하다. 없어서는 살 수 없으면, 그것이 사랑이다. 2018년 11월에 TV 채널 tvN을 통해 방영된 드라마 〈남자친구〉는 송혜교, 박보검이라는 걸출한 두 스타가 출연한다고 하여 초반부터 큰 주목을 받았다. 이 드라마의 남자 주인공인 김진혁은 평범한 대한민국의 청년이었으나, 그가 사랑했던 사람은 동화 호텔의 대표이자 재벌가 며느리인 차수현이었다. 그는 그녀와의 관계를 지켜내기 위해 찾아오는 온갖 모욕과 괴로움을 마다하지 않았다. 그리고 기어이 그녀의 마음을 얻어 내고 극 중 해피엔딩을 맞이했다. 드라마를 잘 보지 않는 내가 이 드라마를 보게 된 이유는 단 하나였다. 극을 끌고 가는 김진혁의 세상을 대하는 태도가 너무도 놀라웠기 때문이었다. 그는 어디서 그런 용기가 났을까? 그는 어떻게 그리 당당할 수 있으며, 긍정적일 수 있을까? 답은 사랑해서다. 차수현이라는 사람을 사랑하기 때문에, 그 사람이 없이는 살 수 없으니까, 그래서 어떻게든 그것을 지켜 내려고 한 것이다.

이쯤 되면 당신은 이런 물음이 생길지 모른다. '지금 내가 그런 사랑을 받고 있다고?' 맞다. 심지어 드라마처럼 한 사람에게서 오는 것만이 아닌, 온 세상으로부터 오는 사랑을 말이다. 당신뿐만이 아니다. 우리는 모두 태어나서부터 지금까지 그런 사랑을 단 한시도 쉬지 않고 받아 왔다. 믿기 힘든 당신을 위하여 그 사랑의 증거들을 함께 찾아보자.

당신이 누리고 있는 사랑의 가장 큰 증거는 하늘과 땅, 공기의 사랑이다. 천지자연이 없으면 우리는 존재할 수 없다. 땅이 없다면 우리는 이 몸뚱이를 가지고 그 어디에도 딛고 설 수 없고, 먹을 것을 기를 수도 없다. 숨을 쉬지 않고는 단 몇 분도 버티기가 어렵고, 하늘과 태양이 없다면 만물의 생장을 기대할 수 없다. 그러니 공기와 하늘, 태양은 사랑의 증거임이 분명하다. 이는 부인하기 어렵다. 이런 하늘과 땅, 공기와 같은 천지자연을, 우리는 한 번도 아니고 열 번도 아닌, 태어나서부터 지금까지 단 한 번도 끊이지 않고 제공받고 있다. 한 발자국을 뗄 때마다 매번 디딜 땅을 선물 받고, 인지하지도 못하는 사이 들이쉬는 숨은 몸속 곳곳으로 흘러들어와 기운을 불어넣는다. 매일같이 뜨는 태양은 세상의 모든 살아 있는 것들에게 양기를 심어 주고, 내리는 비와 부는 바람도 생명력을 한층 고조시키며 세상 모든 것들의 발육을 돕는다. 이렇게 귀한 것들을 우리는 매일, 매 순간 선사 받고 있다. 이것만으로도 이미 엄청나게 큰 사랑을 받고 있음을 알 수 있다. 그런데 그게 끝이 아니다.

나는 나보다 먼저 태어난 어느 남녀가 사랑한 증거이다. 나의 부모님이 바로 그들이다. 부모님이 계시지 않았다면, 나는 지금 내게 주어진 육체와 정신을 갖지 못했다. 육체와 정신을 가질 수 있다는 것은 시간을 획득하였다는 의미이기도 하다. 시간이 주어졌다는 것은, 삶을 채우는 엄청나게 많은 기회를 함께 선물 받았다는 뜻이고, '나'라는 이름으로 괜찮은 공연 한 편을 올릴 수 있는 소중한 프로듀싱 권한을 얻어 냈다는 뜻이기도 하다. 그렇게 몸을 움직여 나의 시간을 나의 기회들로 채워 나가는 것, 우리는 그것을 삶이라고 부른다. 지금 우리들의 삶이 비록 고난과 괴로움으로 점철될지라도, 그것은 결코 불행이 아니다. 아직 끝난 것이 아니기에, 우리에게는 아직 꽤 괜찮은 신체와 정신, 시간이라는 소재가 남아 있기 때문이다.

그런 '나'들이 모여 '우리'가 되니 더 많은 것을 할 수 있게 되었다.

나는 내가 먹을 것들을 일일이 만들어 내지 않아도 된다. '농부'라는 이름을 획득한 다른 모습의 내가 귀한 쌀을 만들어 건네주기 때문이다. 매일 옷장 앞을 서성이게 하는 예쁜 옷들도, 자그마한 휴대폰 창 안으로 보이는 다양한 볼거리들도, 매일 밤 지친 몸을 뉠 수 있는 안락한 집도, 모두 다른 모습을 하고 있는 '나'들이 만들어 준 소중한 선물이다. '나'의 수가 많아지면서 우리는 나라를 만들기도 했고, 그 나라 안에서 크고 작은 약속을 정하기도 했다. 파란불이 켜지면 가고 빨간불이 켜지면 멈춰야 한다든가, 십시일반 모은 돈으로 우리를 지켜낼 수 있는 각종 기관을 운영한다든가, 우리의 아이들에게 공공의 선과 목표를 함께 교육한다든가 하는 시스템 말이다. 그럼 그 안에서 우리는 도둑을 걱정하지 않고 잠을 자고, 갑작스러운 죽음을 고민하지 않으며 일상을 영위한다. 그것 역시 수많은 '나'들이 힘을 합쳐 만들어 낸 사랑이다. 다시 한번 말하지만, 없어서는 살 수 없으면 그것이 곧 사랑이다. 어린왕자의 깨달음과 같이 이 세상은 모든 것이 사랑이다. 여인의 가락지와 옷, 신발, 그리고 여인 자신까지, 그 모든 것이 사랑의 증거다. 하늘과 땅, 부모와 형제, 이웃과 이를 넘은 인류, 공동체와 국가, 그리고 세계까지. 마지막으로 가장 중요한 당신이라는 존재 자체 역시 모두 사랑의 증거다. 생생히 살아 있고 있는 그대로 보이는 증거, 그 자체다.

사랑의 증거를 인정하고 나서 찾아오는 감정은 무한한 감사이다. 이렇게나 크고 세밀한 사랑을 받고 있는데 감사하지 않을 수가 없다. 온 세상이 나를 위해 존재하고 있다. 1초, 아니 0.000001초 단위로 나를 사랑한다며 사랑을 표현해 댄다. 그 어떤 연인도 이렇게 살가울 수는 없다. 그런데 어찌 이 세상을 사랑하지 않을 수 있을까. 어찌 이 삶을 감사하지 않을 수 있을까. 감사함은 조용히 깊은 행복을 동반한다. 잠시도 쉴 틈 없는 사랑이고, 감사이고, 행복이다. 진짜 행복, 진짜 감동이 이렇게 우리의 삶에 들어온다. 이제 당신이 얼마나 큰 사랑 속에 살고 있는지, 알겠는가? 당신의 존재가 얼마나 귀한지, 이제는 느낄 수 있느냔 말이다.

너와 나를 연결하는
'-'(하이픈)

2011년 8월, 서울 관악구의 한 산부인과에서 큰아이를 낳았다. 탯줄도 채 떼어 내지 않은 핏덩이와의 첫 만남은, 10개월의 태교가 무색하게도 참 많이 낯설었다. 하지만 그로부터 1년 만에 나는, 아이가 없는 세상을 상상조차 할 수 없게 되었다. 나의 삶 전체가 아이를 중심으로 돌고 있었다. 그렇게 귀한 아이를 위해 그동안 찍어 두었던 수천 장의 사진을 모아 사진첩을 엮기로 했다. 아이가 강보에 싸여 처음 집에 오던 날부터 젖병을 빠는 모습, 뒤집기를 하는 모습, 배밀이를 하고 이유식을 먹으며 걸음마에 재미를 붙이는 모습까지, 1년간의 성장기를 보고 있자니 가슴이 저며 왔다. 마침 며칠 후면 어린이집에 가기로 예정되어 있던 터라, 어린아이를 기관에 맡겨야 한다는 걱정과 안타까움까지 더해져 그 마음이 더욱 절절해져 왔다. 그래서 곰곰이 생각했다.

'우리 아이가 행복해지려면 어떻게 해야 할까?'

우선 좋은 친구들을 만나야 할 것 같았다. '그럼 어떻게 하면 만나는 친구들이 좋은 친구일 수 있지?' 안정된 마음의 부모 밑에서 자라는 친구들이면 될 것 같았다. '그럼 그런 부모가 되려면 어떻게 해야 하지?' 탄탄한 경제력을 가지고 좋은 부부 사이를 지니면 될 것 같았다. '그럼 경제력과 부부애를 지니려면?' 그들이 속한 회사가 번창해야 하고, 회사 임직원들의 가정이 또한 안락해야 했다. 부부의 부모·형제 역시 건강하고 건실한 삶을 누려야 부부의 마음이 편안해질 것 같았다. 그렇게 가지에 가지를 뻗어 나간 질문과 대답은 결국, 내 아이 한 명이 행복하기 위해서 온 세상이 모두 행복해야 한다는 결론에 이르렀다.

나는 그저 내 배로 낳은 내 아이 한 명이 행복해지기를 바랐던 것뿐인데, 그러기 위해서는 이 세상 모든 생명체가 행복해야 했다. 돌 하나, 풀뿌리 하나까지 행복해야, 내 아이가 행복할 수 있었다. 그때 나는 확실히 알았다. 우리는 모두 이어

져 있다. 한 사람, 한 사람이 모두 다른 사람인 것 같지만, 사
실은 모두가 연결되어 있다. 그래서 우리는 남일 수 없다. 내
가 행복하려면, 너도 행복해야 하고, 우리도 행복해야 한다.

"원하든 원하지 않든 간에 우리는 서로서로 연결되어 있
다. 그래서 나 혼자만 따로 행복해지는 것은 생각할 수도
없다." -달라이 라마

사랑은 작대기를 타고

얼마 전, 세월호 희생자 304명의 영정이 서울 광화문 광장
을 떠났다. 2014년 7월에 처음 설치돼 무려 4년 8개월 만이다.
세월호 참사가 있었던 그날은 아직도 많은 이들의 기억에 생
생히 살아있다. 생떼 같은 우리의 아이들이 차디찬 바다에 가
라앉았다. 잘못된 언론 보도에 울고, 쏟아지는 비극적인 소식
에 다시 한번 울었다. 그 울음은 기어이 정부를 바꾸고, 새로
운 대통령을 세우기에 이르렀다. 아직도 길거리를 걸을 때면
가방 한쪽에 노란 리본을 달고 있는 학생을 여럿 마주칠 수
있고, 도로에서 역시 차량 후미에 노란 리본을 붙인 차를 쉽
게 찾아볼 수 있다. 그만큼 세월호 참사는 우리에게 큰 아픔
과 슬픔을 안겼다. 떠난 이들을 우린 여전히 보내지 못했다.

희생자들이 이 시대에 남겨 놓은 것은 부정부패의 척결과 정책의 올바른 수립, 시행만이 아니다. 이 모든 일이 결국 모습을 달리한 나의 일이라고 인식하게 한 것 역시 304명의 세월호 희생자들이 알려 준 유산이다. 아이들을 잃었던 날, 우리는 찢어지는 가슴을 부둥켜안고, 떨리는 마음으로 언론 보도를 주목했다. 차디찬 바닷물이 우리 가슴까지 차올라 눈물을 쏟아내고 또 쏟아내어도 흘러내렸더랬다. 그날만큼은 누군가의 아이들이 아닌 나의 아이들이었다. 오가며 내 귀를 스쳤을 웃음소리를 만든 아이들, 혼잡한 거리 한편에서 교복 차림으로 무심히 내 곁을 지나쳤을지도 모를 그런 우리의 이웃들이었다. 그 마음이 사랑이다. 나와 너를 가르지 않는 마음. 그 마음은 어디서 억지로 지어내는 것이 아니라, 그때처럼 어떤 아픈 일을 만날 때면 자연스럽게 마음 깊은 구석에서부터 솟아오른다. 이제 이 마음을 어느 한때만 잠깐 내어 주는 것이 아닌, 일상의 순간을 채우는 도구로 사용해야 한다. 매일 함께 밥을 먹는 식구들부터 학교, 직장에서 만나는 친구, 동료들을 비롯하여 스쳐 지나가는 사람들에게까지 바로 이 따스한 마음을 내어 주어야 한다. 이것이 본능이기 때문에 그렇다. 당신 마음의 원래 생긴 바가 이렇기 때문이다. 생긴 대로 살아야 행복하다. 틀림없이 그렇다.

날 사랑하는 것은 곧 너를 사랑하는 것이다. 역으로, 너를 사랑하는 것은 곧 나를 사랑하는 것이다.

거리를 스쳐 가다 만나는 사람도 남이 아니고, TV 속 연예 인들도 남이 아니다. '남'이라는 단어는 사실 '님-님'에서 유래 했다. 님과 님을 잇는 '-'(하이픈)은 어느새 남이라는 글자가 되 어 우리를 나누고 분리하는 오해를 낳았다. 하지만 이제는 알 아야 한다. 세상은 무한대로 펼쳐진 '님-님'의 관계 속에 이루 어져 있다. 작은 가로 선 하나를 제거하고 나면, 오로지 사랑 하는 '님'만이 남는다는 사실을 깨달아야 한다. 너도 님이고, 나도 님이다. 그리고 너와 나 사이에 작은 손을 뻗으면 그것이 곧 너와 나를 연결해 주는 '-'이다. 그 '-'을 갖자. 손을 내밀자. 네가 나고, 내가 너이다. 우린 서로 다른 사람이 아니고, 우리 의 행복을 위해 협력해야 할 서로의 거울이다. 내가 행복하려 면 네가 행복해야 하고, 네가 행복하면 나도 덩달아 행복하 다. 이 얼마나 살뜰한 행복이고, 가성비 높은 행복인가. 이제 는 우리가 협력해야 할 때다. 나의 행복을 위해. 당신의 행복 을 위해. 우리의 행복을 위해.

세상에서 가장 이기적인 사람,
Giver

지난해 12월, 수단에서 건너온 토마스 타반 아콧씨가 제 83회 의사국가시험 실기 합격자 명단에 이름을 올렸다는 뉴스가 전파를 탔다. 그의 의사 자격 취득이 이처럼 화제가 된 것은, 그가 9년 전 많은 이들의 가슴을 울렸던 수단의 슈바이처 고(故) 이태석 신부의 제자 중 한 사람이었기 때문이다. 그는 고(故) 이태석 신부의 권유로 한국으로 온 지 9년 만에 의사 자격을 취득하게 되었고, 외과 인턴 과정과 전공의 수련 과정까지 포함한 4년을 더 보내고 수단으로 돌아간다고 한다. 그는 자기의 스승처럼 그곳의 의료 환경을 개선하는 데에 뜻을 품고 있는 듯했다.

고(故) 이태석 신부는 이미 세상을 떠났지만, 그가 보여 준 사랑과 나눔의 마음은 여전히 많은 사람의 가슴에 그대로 남아, 10년에 가까운 시간이 흐른 지금까지도 세상에 온기를 더하고 있다. 생전 고(故) 이태석 신부는 가진 것 하나를 열로 나누는 것이 하늘나라의 참된 수학이라고 말하며, 끊임없는 나눔만이 행복의 원천이라고 했다. 그리고 그 말을 유명을 달리하는 그 순간까지 실천했다. 참으로 놀라운 사랑의 전령사가 아닐 수 없다.

앞서 우리가 확인한 통계들은 이루 말할 수 없이 고통스러운 현실을 대변하고 있었다. 하지만 이제 우리는 그러한 현실조차 훌쩍 넘어설 수 있는 사랑의 증거들을 알고 있다. 사랑으로 가득 찬 세상을 살고 있음을 깨달았고, 너를 사랑한다는 것은 곧 나를 사랑하는 것의 다른 말임도 확인했다. 지금부터 우리는 마음껏 사랑해야 한다, 혼신의 힘을 다해서.

"인생을 살아가는 데는 두 가지 방법이 있다. 하나는 아무것도 기적이 아닌 것처럼, 다른 하나는 모든 것이 기적인 것처럼 살아가는 것이다." -알버트 아인슈타인

마음이 오가는 자리에는 향기가 난다

사랑은 찻잔에 담긴 향기로운 꽃차와 같다. 하얀 다기 안에 따끈하게 데워진 꽃차가 가득히 채워진다. 살포시 피어오

르는 온기를 따라 향기로운 꽃 향이 주변 공기를 부드럽게 감싼다. 주전자 안에는 충분한 꽃차가 준비되어 있다. 하지만 작은 찻잔은 이미 꽃차가 가득 차 찰랑거리고 있다. 더 많은 꽃차를 마시려면, 향긋한 꽃 향을 더욱 이 공간 안에 퍼뜨리려면 어떻게 해야 할까? 그렇다. 찻잔에 담긴 꽃차를 맛있게 마시고, 다시 차 한 잔을 받으면 된다. 꽃차의 향기롭고 따뜻한 기운을 내 몸속으로 들이부어 찻잔이 비워지면, 다시 빈 찻잔을 채울 수 있다. 그렇게 거듭 찻잔을 비우고 채우기를 반복해야만, 더 많은 따뜻함과 향기로움을 내 안으로 받아들일 수 있다.

사랑도 이와 같다. '나'라는 찻잔을 자꾸 비워 내야 더 많은 세상의 사랑을 받을 수 있다. 세상은 우리에게 따뜻하고 향기로운 꽃차를 건네고 싶어 찻주전자를 들고 기다리고 있다. 어서 그 풍요로운 사랑을 받자. 어떻게 하면 내 삶의 찻잔을 비울 수 있을까?

그 방법은 이루 말할 수 없이 쉽다. 바로 나눔이다.

나눈다는 것은 줄 수 있는 자가 받을 수 있는 자에게 무언가를 건네는 것을 의미한다. 주고받는 자 사이에는 그 어떤 상하 관계도 존재하지 않는다. 그저 주고 싶다는 마음과 받고 싶다는 마음만 존재할 뿐이다. 주는 자가 하얀 찻잔에 가득 찬 꽃차를 받는 자에게 따라 주고 나면, 주는 자의 찻잔에는 따뜻한 여운이 함께하는 여백이 생긴다. 그럼 세상은 그곳에 다시 향기로운 꽃차를 따라 준다. 받는 자도 마찬가지다. 누군가의 모습을 한 세상으로부터 차를 받았다면, 다시 다른 누군가에게 꽃차를 나눈다. 이유는 단순하다. 그래야 또다시 새로운 향기로움을 선물 받을 수 있기 때문이다. 따뜻한 꽃차를 여러 번 반복해 따르고 마시다 보면 놀라운 사실과 마주한다. 하나는 나의 찻잔이 예전보다 훨씬 커져 있음을 발견하게 된다는 것이고, 또 다른 하나는 주고받은 꽃차 덕분에 주변이 온통 향긋한 꽃향기로 가득 차 있다는 것이다. 따뜻한 온기를 따라 세상의 사랑은 살금살금 나의 찻잔을 매만져 그 너비를 넓혀 놓았다. 나의 그릇은 그렇게 나눔을 통해 하루가 다르게 커진다. 그것 역시 사랑의 증거이다. 사랑의 증거가 사랑의 증거를 낳는 셈이다. 감사가 또 다른 감사를 낳고 있는 것이다.

이것은 나와 너의 연결이다. 세상은 그것을 간결하게 '우리'라고 부른다. 우리가 없는 나는 없다. 혼자서는 결코 살 수 없기 때문이다. 앞에서도 말했던 것처럼, 없어서는 살 수 없는 것이 곧 사랑이라고 했다. 그래서 우리의 존재 역시 사랑이다. 우리는 서로 사랑하는 사이다. 나와 네가 서로 없어서는 살 수 없으니, 우리는 서로를 지극한 마음으로 사랑해야 한다. 엘리베이터에서 만난 아래윗집 이웃들에게 인사를 건넬 수도 있고, 물건 값을 계산하며 감사의 표시를 할 수도 있다. 투표를 빠짐없이 한다거나, 이웃을 돕는 성금을 보내는 것도 사랑의 표시이다. 이런 사랑의 표현을 또한 나눔이라고 부른다. 이 모든 것은 나와 네가 연결된 존재, 남이 아님을 알기 때문에 할 수 있는 것들이다. 우리 사이를 꽉 채우고 있는 사랑의 증거들을 잘 알고 있기에 가능하다.

나는 5년 동안 동네 작은도서관에서 자원봉사 활동을 해 왔다. 대부분의 작은도서관은 몇 안 되는 자원 활동가들이 시간과 열정을 내어 이웃들에게 도서 서비스를 하는 공간이다. 나는 이곳에서 사랑의 많은 부분을 배웠다. 내가 아는 다수의 작은도서관 활동가들은 가진 것이 많아서, 시간이 넘쳐서 사랑을 실천하고 있는 것이 아니다. 출근하기 전에 들러 신간을 입력하고, 근무가 없는 주말에 자진하여 도서관 문을 연다. 교대해 가며 도서관을 지키고, 하교한 아이들과 함께 앉아 도서관을 채운다. 자녀의 방학이 되면 자원 활동가들과 그들의 아이들이 한데 모여 앉아 오래된 책을 버리고 새 책 위에 스티커를 붙인다. 추우면 추운 대로, 더우면 더운 대로, 작은도서관은 마을의 중심에 둥지를 틀고 앉아 오가는 이웃들을 기다린다. 무엇을 바라서가 아니다. 그것이 세상으로부터 받아 온 사랑을 실천하는 길이고, 세상을 사랑하는 것이 우리

아이를 사랑하는 방법임을 알기 때문이다. 지금, 이 순간에도 전국의 작은도서관 활동가 선생님들은 아무도 알아주지 않는 그 자리를 그렇게 지키고 있다.

작은도서관 선생님들만이 아니다. 사랑의 연결 고리를 미리 알아챈 사람들은, 한 번도 본 적 없는 북극곰의 터전을 고민하기도 하고, 드넓은 바다를 보며 미세 플라스틱을 염려하기도 한다. 살면서 단 하나의 접점도 생길 것 같지 않은 분쟁 지역의 여성들과 아이들을 도우려고 하고, 사회의 가장 부조리한 부분들을 개선하려고 애를 쓴다. 북극곰이, 분쟁 지역의 여성과 아이들이, 부조리함으로 아파하는 이들이 행복해야만 우리 역시 행복할 수 있음을 알고 있는 까닭에, 환경과 재난의 고통에서 신음하는 세상을 모른 척할 수 없는 것이다. 이들은 단연코 세상에서 가장 이기적인 사람들이다. 온전히 자신의 행복을 위해 움직이기 때문이다. 하지만 그들의 모습은, 통계 지표만큼이나 어두운 현실에서 한없이 영롱하게 빛난다.

행복해 질 준비가 되셨나요

행복해지고 싶지 않은 사람은 없다. 다만 행복에 대한 정의가, 행복을 추구하는 방법이 모두 다를 뿐이다. 앞서 얘기한 것처럼, 행복은 상황에 맞춰 나의 기분을 좋게 하기 위한 도

구적 단어가 아니다. 행복은 세상의 사랑을 깨닫고서야 비로소 알게 되는 가장 궁극적인 기쁨이자 외로움 없는 충만함이다. 그리고 그렇게 구한 행복은 타인과 나눌 때 영원히 소유할 수 있게 된다.

그러니, 사랑하자. 마음껏, 온 세상을 사랑하자. 나의 마음속에 피어오르는 사랑을 주변 사람들과 나누고, 되돌아오는 사랑은 또 크게 기쁜 마음으로 받자. 그렇게 사랑은 이 사람, 저 사람의 손을 거치며 더욱더 성장한 모습으로 나를 찾을 것이다. 사랑하자. 온 힘을 다해 죽도록 사랑해 보자. 그것이 바로 삶의 행복을 무한히 보장받는 유일한 길이다.

마지막으로 이 글을 읽는 당신에게 내 사랑을 건넨다.

"태어나줘서 고맙습니다. 당신을 사랑합니다. 우리의 인연에 감사합니다." -사랑을 담아 조안이혜 드림.